普通高等教育"十二五"系列教材

U0643331

# 电力系统仿真技术与实验

袁荣湘　编
陈德树　主审

中国电力出版社
CHINA ELECTRIC POWER PRESS

# 内 容 提 要

本书为普通高等教育"十二五"系列教材。

全书共 8 章分为：电力系统仿真原理和电力系统数字仿真实验两部分。第 1～4 章为电力系统仿真原理部分，主要内容有：电力系统仿真基本概念、物理仿真技术、物理仿真实验、电力系统数字仿真技术和各元件数学模型；第 5～8 章为电力系统数字仿真实验，主要内容有：电磁暂态仿真实验、机电暂态仿真实验、中长期全过程仿真、机—网接口、电力系统数字仿真器 RTDS、电力系统运行实验等。

本书可选作高等院校电气工程相关专业的实验教学用书，也可供电力系统相关专业的技术人员参考。

**图书在版编目（CIP）数据**

电力系统仿真技术与实验/袁荣湘编. —北京：中国电力出版社，2011.6（2023.10 重印）

普通高等教育"十二五"规划教材

ISBN 978 - 7 - 5123 - 1794 - 9

Ⅰ.①电… Ⅱ.①袁… Ⅲ.①电力系统－系统仿真－高等学校－教材 Ⅳ.①TM7

中国版本图书馆 CIP 数据核字（2011）第 120257 号

中国电力出版社出版、发行

（北京市东城区北京站西街 19 号 100005 http://www.cepp.sgcc.com.cn）

北京九州迅驰传媒文化有限公司印刷

各地新华书店经售

*

2011 年 8 月第一版 2023 年 10 月北京第四次印刷

787 毫米×1092 毫米 16 开本 8.75 印张 211 千字

定价 35.00 元

# 前　言

电力系统仿真技术是以相似原理、信息技术、系统理论及与电力系统相关的专业技术为基础，以计算机和各种物理设备为工具，利用电力系统模型对实际的或设想的系统进行试验研究的一门综合性技术。通过将复杂的电力系统进行等值建模仿真，研究电力系统各种机电和电磁现象，可以加深对电力系统基本理论的理解，阐明电力系统的基本规律。因此，电力系统仿真在电力系统的研究工作中具有十分重要的意义。

本书介绍电力系统仿真的基本原理与实验方法。全书分为两部分：电力系统仿真原理和电力系统数字仿真实验。第一部分主要介绍电力系统仿真的基本概念、物理仿真技术、物理仿真试验、电力系统数字仿真技术和数学模型；第二部分主要介绍电磁暂态实验、机电暂态实验、中长期全过程仿真、机—网接口、电力系统数字仿真器 RTDS、电力系统运行实验等。本书希望达到理论与实验并重的目的，加深学生对理论知识的理解，把学生的动手能力和创新能力提升到更好的高度，为社会培养适应电力系统现代化建设需要的复合型、应用型工程技术人才。

全书共分 8 章，由袁荣湘主编。张志毅老师、研究生张宗包均参加了部分修改校对工作。感谢贺文涛提供第 3、7、8 章有关资料，钱珞江提供第 6 章的有关资料。感谢武汉大学电气工程学院的领导和同事提供的良好环境和诸多帮助。

特别感谢陈德树先生，他非常认真仔细地审阅书稿，提出了很多非常好的修改意见，先生严谨的治学态度和高尚的人格魅力始终激励着我前行。

由于编者水平和条件有限，书中难免有错误和不妥之处，恳请读者批评指正。

作者于珞珈山

2011 年 6 月

# 目　录

# 第1章　绪　　　论

## 1.1　电力学科研究方法

电力学科研究方法和其他科技领域一样，可以概括为理论分析和科学实验两种途径。理论分析无疑是极其重要的，阐明电力系统的基本规律并探索新原理和新方法。但是由于电力系统及其暂态过程的复杂性，理论分析必须与科学实验相结合才能获得较全面的知识。同时，有些新的原理和规律也往往是从科学实验中总结出来的。

电力系统的科学实验研究可以在实际电力系统（简称原型系统）上进行，也可以在模拟的电力系统（简称模型）上进行。在原型上进行实验研究，可以得到最真实的结果，但是在电力系统原型上进行实验往往受到如时间、经济、安全等多方面因素的限制。同时一些可能造成严重后果的实验项目如电力系统的短路、振荡、失步等，受系统运行条件的限制，不一定都能进行，更不可能进行多次重复性的实验。而发展规划中的工程项目，则更难以在现有的电力系统中进行。因此，模型实验在电力系统的研究工作中具有十分重要的意义。

电力系统的模型实验方法有数学仿真和物理模拟两种。国外将物理模拟、数学仿真统称为 simulation。国内习惯将采用数学方法进行实验研究的方式称为数学仿真，将采用物理方法进行实验研究的方式称为物理模拟。

### 1.1.1　电力系统数学仿真

数学仿真是建立在数学方程式基础上的一种对原型系统进行仿真研究的方法。进行数学仿真需要写出各种物理现象在一定的假设条件下的运动过程数学方程式，借助专门的数学计算工具进行求解，以得出所需要的结果。

历史上曾出现过的电力系统数学仿真研究方法有以下几种：直流计算台、交流计算台、模拟式电子计算机等。直流计算台以电阻来模拟系统中的各种元件；交流计算台以电阻、电感、电容、变压器、移相装置来模拟系统中的各种元件，以直流电压或中频交流电压为电源，来计算系统中的功率分布、短路电流和系统的稳定性；模拟式电子计算机以运算放大器组成系统各元件的模型，用以分析系统的暂态过程。但由于这种计算机可供使用的元件数量有限，所能研究的系统规模不可能大，所以这类数学仿真始终未能得到广泛的应用。

目前，数字式电子计算机已广泛应用于电力系统的运行、设计和科学研究等方面。无论是复杂电力系统的潮流计算、故障分析、稳定性分析等常规计算还是电力系统的暂态过程仿真、谐波分析、继电保护整定等专业性更强的计算，都已有商业化软件包供选用。而且对硬件条件的要求较过去大为降低，几乎各种型号的微型计算机都可完成以上仿真计算。

以上四种研究工具一般都属于数学仿真，其共同点是必须首先明确要分析研究的电力系统及其各元件的数学表达式，建立起相应的数学模型，然后才能运用它们进行计算分析。

电力系统的数学仿真存在的主要问题是物理概念不够直观，同时它要求对所研究系统的全部环节都必须能列出数学方程式，这在一些新的领域和现象的研究可能会有一定的困难。

### 1.1.2　电力系统物理模拟

电力系统物理模拟采用和原型系统具有相同物理性质且参数的标幺值一致的模拟元件，根据相似原理建立起电力系统的物理模型。该物理模型是把实际电力系统按一定的比例关系模拟缩小，并且保留其物理特性的电力系统复制品。通俗地说，电力系统物理模拟就是把真实的电力系统缩小到实验室中，是真实电力系统的缩影。电力系统的物理模拟主要由模拟发电机、模拟变压器、模拟输电线路、模拟负荷和有关的调节、控制、测量、保护等模拟装置组成。在电力系统的物理模拟系统中因为有旋转运动的模拟发电机组、模拟动态负荷，故可以模拟电力系统的各种实时运行状态，反映电力系统的动态特性等，所以电力系统的物理模拟也称为电力系统的动态模拟（简称动模）。

电力系统动态模拟的主要特点是能够直观地观测到各种现象的物理过程，便于获得明确的物理概念，特别是某些新的问题和物理现象，由于认识上的限制还不能或不完全能用数学方程式来表示时，利用物理模拟可以探索到现象的本质及其变化的基本规律。物理模拟的实验结果，还可以用来校验电力系统的理论和计算公式以及在建立数学方程式时各种假设的合理性，并为理论的简化指出方向，进而使理论得到进一步的完善和发展。动态模拟的另一个显著特点是可以将新型的继电保护和自动装置直接接入动态模拟系统中，进行各种运行工况下的短路故障实验，考核装置的各种性能。动态模拟的缺点是待研究系统的规模不能过大，而且模型装置的参数调整范围有一定的限制，实验前模拟参数的配置和改变运行方式后的参数调整比较复杂。

综上所述可知，电力系统的各种研究工具都有其特点和适用范围，所以，取长补短、相互配合才是较好的电力系统研究解决方案。

## 1.2　电力系统仿真的分类和发展趋势

电力系统的发展虽然有 100 多年的历史，但电力系统仿真却只有几十年的历史。现代电力系统是一个强非线性、高维数的系统，对其进行严格的仿真计算分析十分困难。近几十年来，随着电力系统技术和计算机技术的飞速发展，电力系统仿真技术也取得了巨大的进步，解决了电力系统规划、生产、运行、试验、研究和培训等方面的很多实际问题，在电力系统的发展过程中发挥了独特的作用。另一方面，随着现代电力系统的快速发展，电力系统仿真将发挥更加重要的作用，同时对电力系统仿真也提出了更高的要求。

### 1.2.1　电力系统仿真分类

根据不同的标准，电力系统的仿真可以分成不同的类型。

1. 物理仿真、数字仿真和数字物理混合仿真

根据仿真模型性质的不同，电力系统仿真可分为物理仿真、数字仿真和数字物理混合仿真。

物理仿真基于相似理论，将电力系统实际元件，如换流阀、发电机、自动调压器（AVR）、调速器、电动机、变压器、输电线路等，用参数成比例缩小的物理元件模拟。物理仿真实验即我们常说的动模实验。

随着实际系统的发展，电力系统的规模和复杂程度发生了很大的变化，动态模拟方法受到了很大的限制。同时，随着数字计算机和数值计算技术的飞速发展，出现了用数学模型代

替物理模型的新型模拟系统，我们把建立电力系统的数学模型并在计算机上做实验的仿真系统称为电力系统的数字仿真。

数字物理混合仿真（又称为数模混合仿真）采用的是数字仿真模型和基于相似理论的物理模型。数模混合仿真中，通常采用的仿真方式是用基于微处理器或 DSP 芯片等数字仿真技术模拟电机等旋转元件，而直流换流阀、输电线路等难以得到其数字仿真模型或易于采用物理模型的电力系统元件仍采用基于相似理论的物理模型进行模拟。基于不同性质模型的仿真系统具体分类如图 1-1 所示。

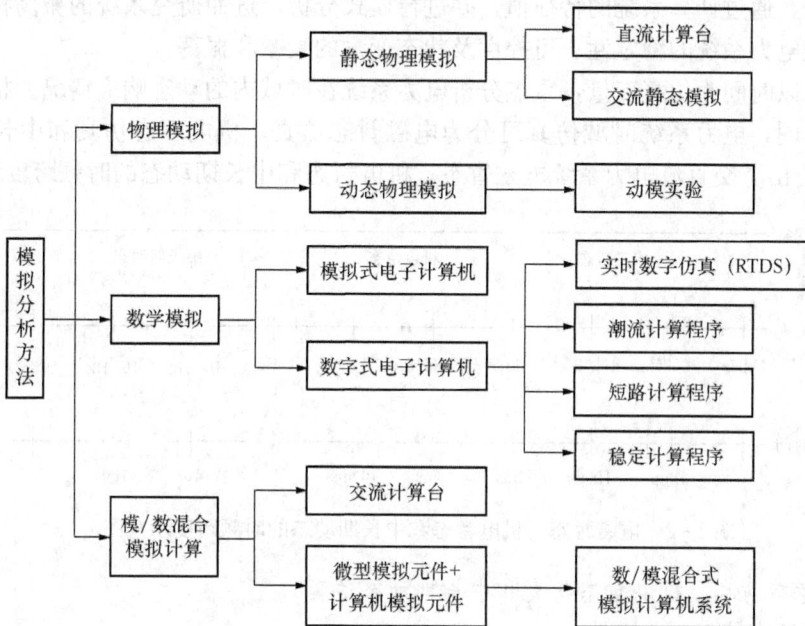

图 1-1 电力系统仿真分类

**2. 实时仿真和非实时仿真**

根据实际电力系统动态过程响应时间与系统仿真时间的关系，电力系统仿真可分为实时仿真和非实时仿真。

实时仿真是指实时模拟电力系统的各类过程，并能接入实际物理装置进行实验的电力系统仿真方式。也就是说，实时仿真能在一个计算步长时间内计算完成实际电力系统在该段时间内的动态过程响应情况，并完成数据转换。目前，电力系统的实时仿真在一定程度上能够做到模拟电力系统的电磁暂态过程、机电暂态过程以及后续的动态过程。

而在电力系统非实时仿真中，系统仿真计算所需的时间往往要比实际电力系统动态过程响应的时间长得多，实际电力系统几毫秒的动态过程响应往往需要几秒钟甚至几分钟才能仿真计算完成。

**3. 在线仿真和离线仿真**

根据仿真所采用的数据来源，电力系统仿真可分为在线仿真和离线仿真。在线仿真是根据实际运行电力系统中电网监控和数据采集系统（SCADA）或广域动态监测系统（WAMS）提供的实时数据进行仿真计算。

离线仿真是对电力系统的物理过程建立数学模型，再根据所搭建的仿真模型进行仿真计算，它与实际运行的电力系统没有直接联系。

4. 频域仿真和时域仿真

根据仿真变量的不同，电力系统仿真可分为频域仿真和时域仿真。

频域仿真以频率为仿真变量，重点分析电力系统在频率域的响应情况。频域仿真的范围可从零赫兹到数兆赫兹，可覆盖从次同步振荡、暂态及次暂态过程直到系统行波的研究。利用系统特征向量及特征值对系统的小干扰特性进行模式分析（特征值分析），也可归纳为系统的频域分析。通过计算系统的特征值，并进行模式分析，进而研究系统的振荡特性，并测定和计算大型电力系统的稳定性、可控性及状态变量的衰减和振荡。

时域仿真以时间为仿真变量，重点分析电力系统在时域内的动态响应情况。根据考察的动态过程的不同，电力系统时域仿真可分为电磁暂态仿真、机电暂态仿真和中长期动态仿真，图1-2给出了交直流电力系统电磁暂态、机电暂态和中长期动态的时频跨度示意图。

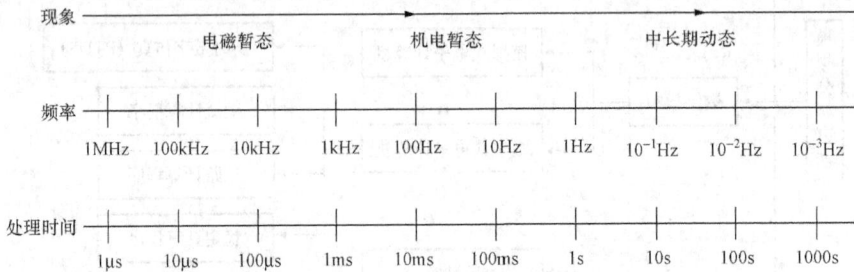

图1-2 电磁暂态、机电暂态和中长期动态的时频跨度示意图

5. 电磁暂态仿真、机电暂态仿真和中长期动态仿真

（1）电磁暂态仿真。

电磁暂态仿真考虑直流及其控制系统的电磁暂态特性、输电线路分布参数特性和参数的频率特性、发电机的电磁和机电暂态过程以及一系列元件（避雷器、变压器、电抗器等）的非线性特性。因此，电力系统电磁暂态仿真的数学模型必须建立起这些元件和系统的代数或微分、偏微分方程。电磁暂态仿真程序一般应用Dommel算法，通过隐式梯形积分法将描述电力系统的微分方程、偏微分方程化为差分方程。

电磁暂态仿真模式下，对电力系统通过代数方程、微分方程和偏微分方程进行完整描述，系统参数可以分相输入并可独立修改。电磁暂态仿真模式采用瞬时值方式进行计算，可以精确地模拟含有HVDC和FACTS装置的复杂系统中的各种元件，如常规晶闸管、低频门极可关断晶闸管（GTO）、高频绝缘栅双极晶闸管（IGBT）。因此，电磁暂态仿真模式能比较准确地分析交直流电力系统的各种暂态（包括电磁暂态和机电暂态）问题。但是，由于电磁暂态仿真是建立在解微分方程基础上的，求解速度慢，所能够描述的系统规模也相对较小。所以，采用这种仿真模式进行大规模交直流电力系统仿真分析或研究HVDC和FACTS装置的特性时，应根据所研究的重点和研究目的进行系统等值。

目前，国内外常用的电磁暂态仿真程序有EMTP（Electro-Magnetic Transient Program）、加拿大Manitoba直流研究中心的PSCAD/EMTDC、中国电力科学研究院的中国版EMTP和德国西门子公司的NETOMAC等。其中PSCAD/EMTDC是在EMTP的基础上进行的开发。

（2）机电暂态仿真。

机电暂态仿真主要研究电力系统受到大扰动后的暂态稳定和受到小扰动后的静态稳定性能。其中暂态稳定仿真分析是研究电力系统受到诸如短路故障、切除线路、发电机失去励磁或者冲击性负荷等大扰动作用下，电力系统的动态行为和系统保持同步稳定运行的能力。

电力系统机电暂态仿真需要联立求解电力系统的微分代数方程组，以获得物理量的时域解。代数方程的求解方法主要有：进行迭代求解的牛顿—拉夫逊法、基于导纳矩阵形式的高斯—塞德尔法和基于稀疏三角分解的直接解法。微分方程的求解方法可采用显式积分法或隐式积分法，其中隐式梯形积分法由于数值稳定性好而得到越来越多的应用。按照微分方程和代数方程的求解顺序可分为交替解法和联立解法。

机电暂态仿真模式下，采用有效值方式进行计算，电力网络用基于复阻抗的代数方程描述。因此，机电暂态仿真模式下的系统是一个纯基波模型。同时，在这一仿真模式下，发电机和其他电机既可以用完整的、也可以用降阶的微分方程来表示。由于引入了对称分量法（正序、负序和零序系统），机电暂态仿真模式也可以计算系统的不对称故障。这种仿真模式采用代数方程描述电力网络，对所描述系统的大小没有限制。因此，在实际工程中，特别是在对大型电力系统的稳定研究中，机电暂态仿真程序，如 PSS/E 及 BPA 程序，得到了广泛的应用。但是，由于这些程序采用纯基波模型，在使用上也有一定的局限性。

目前，国内外常用的机电暂态仿真程序有中国电力科学研究院的中国版 BPA、电力系统综合程序 PSASP、美国 PTI 公司的 PSS/E、美国电科院的 ETMSP、ABB 公司的 SIM-POW 等，另外，德国西门子公司的 NETOMAC 也有机电暂态仿真功能。

（3）中长期动态仿真。

中长期动态仿真是电力系统受到扰动后较长过程的动态仿真，要计入一般暂态稳定仿真过程中不考虑的电力系统长过程和慢速的动态特性，包括发电厂热力系统、水力系统或核反应系统的动态响应以及自动控制系统的动态行为等。长过程动态稳定计算的时间范围可从几十秒到几十分钟，甚至数小时，主要用来分析电力系统较长时间范围内的动态特性。

与电力系统暂态稳定计算一样，电力系统中长期稳定计算也是联立求解描述系统动态元件的微分方程组和描述电力网络特性的代数方程组来获得电力系统长过程的动态时域解。但是，电力系统长过程动态的响应时间常数从几十毫秒到 100s 以上，是典型的刚性系统，需要采用隐式积分算法。为避免计算时间过长，还必须采用自动变步长的计算技术。

目前，中长期动态仿真程序在国内也有所应用，但应用还不广泛。国际上主要的中长期动态仿真程序有法国电力公司等开发的 EUROSRAG 程序、美国电科院的 LTSP 程序、美国通用电气公司和日本东京电力公司共同开发的 EXTAB 程序。另外，美国 PTI 公司的 PSS/E 程序也具有中长期动态稳定计算的功能。

6. 研究用电力系统仿真和培训用电力系统仿真

根据仿真目的的不同，电力系统仿真可分为以分析研究为目的的研究用电力系统仿真和以培训运行人员为目的的培训用电力系统仿真。

研究用电力系统仿真主要应用于电力系统规划、生产、运行、实验和研究等。培训用电力系统仿真以培训运行、操作人员为目的，要求培训仿真环境尽可能逼真，要求仿真器的操动机构、仪表、信号和音响等与实际系统相同或相似，使学员有身临其境的感觉，培养学员对系统环境的反应能力和判断能力，提高运行技术和操作能力。相对而言，培训用电力系统仿真对动态过程的计算精度和数学模型的要求不高，由培训的要求决定。目前，用于电力系统培训的仿真系统有电力系统调度培训仿真系统、发电厂单元机组培训仿真系统、变电站培训仿真系统和变电运行/继电保护培训仿真系统等。

### 1.2.2 电力系统仿真技术发展趋势

电力系统的发展对其运行的安全可靠性提出了更高的要求，同时，随着 HVDC、FACTS、安全稳定装置等大量先进技术的应用，对电力系统仿真技术也提出了新的要求，电力系统仿真技术必须随着电力系统的发展而发展。目前，电力系统仿真正在向以下几个方向发展。

1. 电磁暂态和机电暂态混合仿真

(1) 电磁暂态和机电暂态混合仿真的必要性。

基于基波、单相和相量模拟技术的电力系统机电暂态仿真程序不能仿真 HVDC 和 FACTS 等电力电子装置的快速暂态特性和 MOV 等非线性元件引起的波形畸变特性，机电暂态仿真程序对 HVDC 和 FACTS 的模拟采用的是准稳态模型，这难以真实反映其动态特性。

而另一方面，电磁暂态仿真程序虽然能较真实地反映 HVDC 和 FACTS 等电力电子装置的动态特性，但受模型和算法的限制，仿真规模不大，在进行电磁暂态仿真时，一般都要对电力系统进行等值化简，这在一定程度上会丢失电网的一些固有特性。

随着 HVDC 和 FACTS 等电力电子装置和其他非线性元件广泛应用于电力系统，这些元件引起的波形畸变及其快速暂态过程对系统机电暂态过程的影响越来越大。另一方面，随着电网规模的不断扩大，利用电磁暂态仿真程序分析电网需要进行越来越多的等值简化。因此，相互独立的电磁暂态仿真程序和机电暂态仿真程序已难以适应现代电力系统对仿真的要求，有必要进行电磁暂态和机电暂态的混合仿真。

(2) 电磁暂态和机电暂态混合仿真的发展趋势。

电磁暂态和机电暂态混合仿真有三种发展趋势。

1) 由成熟的电磁暂态程序向机电暂态方向发展，使电磁暂态程序同时具备机电暂态过程的数学模型和仿真能力，以克服电磁暂态程序仿真规模小的不足。主要思路是把大规模电力系统分为需要进行电磁暂态仿真的子系统和仅需要进行机电暂态仿真的子系统，分别进行电磁暂态仿真和机电暂态仿真，在各子系统的交界处进行电磁暂态仿真和机电暂态仿真的交接。

2) 由成熟的机电暂态程序向具有电磁暂态仿真功能的方向发展。主要思路是在机电暂态仿真程序中对电磁暂态仿真过程有重要影响的电力电子等元件的快速暂态过程和非线性特性进行模拟，以提高机电暂态程序的仿真精度。

3) 电磁暂态程序与机电暂态程序进行接口。主要思路是对直流输电系统、FACTS 等电力电子装置和其他非线性系统利用电磁暂态程序进行计算，步长较小；而对交流系统利用机电暂态仿真程序进行计算，步长可以取大一些。这样可以计及直流输电系统、FACTS 等电力电子元件的电磁暂态特性。

(3) 电磁暂态与机电暂态混合仿真的关键技术问题。

进行电力系统电磁暂态和机电暂态混合仿真需要解决的关键问题主要包括以下四方面。

1）电磁暂态和机电暂态混合仿真的接口问题。电磁暂态仿真计算的步长为微秒级（如 $50\sim100\mu s$），机电暂态仿真计算的步长为毫秒级（如 10ms），两者相差百倍以上，因此，必须开发两者之间的数字混合接口，并选择适当的接口位置，以保证混合仿真的实时性和数值稳定性。

2）混合仿真中电磁部分和机电部分之间如何相互表达以及它们之间的数据交换方式问题。

3）电磁暂态和机电暂态混合仿真的数据交换算法问题。电磁暂态仿真采用瞬时值，含有谐波并可能三相不对称，而机电暂态仿真采用基波相量并且假设三相对称，需要解决两者之间的实时数据交换问题。

4）混合仿真的预测技术。在电磁暂态和机电暂态混合仿真的数据交换过程中会存在一个机电暂态仿真步长的延迟，而电磁暂态仿真步长与机电暂态仿真步长相差很大，因此，必须利用预测技术，以提高仿真精确性并保持仿真数值的稳定性。

2. 电力系统的全过程动态仿真

在电力系统的远距离输送容量不断增加、输电网络重载问题日益突出的情况下，电力系统的暂态稳定及在暂态稳定之后的长过程动态稳定性（包括电压稳定性）将逐步成为影响电力系统安全稳定运行的重要问题。分析电力系统的长过程动态稳定性问题，避免发生大面积的停电事故，以便研究防止事故扩大的有效措施，必将成为电力系统计算分析的一项重要内容。因此，对电力系统长过程动态仿真程序的开发是非常必要的。

早期的电力系统长过程动态仿真软件，一般都忽略了扰动开始阶段的机电暂态过程，假设全网的机电振荡已平息、系统频率一致等。然而，电力系统的动态过程（从机电暂态过程到长过程动态过程）是一个连续的过程，并不是截然分开的。机电暂态过程对中长期过程有影响，中长期过程对后续新的暂态过程也有作用。因此，在长过程动态仿真中，必须考虑机电暂态过程仿真功能。

电力系统全过程动态仿真就是要把电力系统的机电暂态过程、中期过程和长期过程，甚至电磁暂态过程有机地统一起来进行仿真，其特点是要实现快速的机电暂态过程和慢速的中长期动态过程的统一。因电力系统是典型的刚性系统，故需要采用具有自动变阶变步长的刚性数值积分方法。

3. 大规模复杂电力系统的实时仿真系统

电力系统中存在大量先进的控制和测量装置，如 FACTS 控制装置、直流输电控制装置、继电保护装置、安全稳定监控装置（包括广域测量装置等）都要经过实时仿真实验才能投入实际电力系统使用。因此，发展数字式或数模混合式电力系统实时仿真装置是必要的。另一方面，由于现代的交直流电力系统越来越庞大，运行越来越复杂，大规模复杂电力系统实时仿真系统作为一种高效、强大的分析工具也越来越受到重视。

但是，目前的实时仿真装置（包括全数字和数模混合式）的仿真规模不大，在进行大电网的仿真实验时，都要进行大规模的等值简化，因此实时仿真装置的应用，特别是在大电网机电暂态和动态特性仿真研究方面受到了很大的限制。

由于受实验室规模和物理设备的限制，数模混合式电力系统实时仿真装置的仿真规模不可能无限扩大。然而，随着计算机软硬件技术的快速发展、计算机技术的不断提高、仿真技术的日益完善，在今后一段时间内，电力系统实时仿真装置对大规模复杂电力系统的实时仿真能力将会不断增强。

4. 电力系统数字仿真

与物理仿真（动模）和数模混合仿真相比，电力系统数字仿真具有占地面积小、建设周期短、可扩展性好、重复实验方便等优点，是电力系统仿真的主要发展方向。

同时计算机软件和硬件技术的快速发展使复杂电力系统元件的模拟精确度也得到了重大改进，而且，随着微处理器技术、现代数字信号处理技术、并行处理技术和电力系统数字计算并行算法的发展，数字仿真计算速度也大大加快。因此，电力系统数字仿真将会得到越来越广泛的应用。

5. 大规模电网的在线实时分析及预决策

大规模电网的实时仿真计算也一直是电力系统研究、分析追求的目标，如果能够达到实时或超实时的仿真计算，就可以重现或者复制实际运行中的电力系统，这对电力系统的运行和分析、研究是非常有意义的。

电网在线实时分析及预决策可以利用灵敏度技术在参数空间中得到稳定域的边界。同时，应用计算机领域中的可视化技术将传统方式的信息表达为动态图像信息，再通过先进的图形技术、显示技术将用数字、表格等传统方式表达的信息转换为实时图形、图像信息，这样就可以将电力系统的潮流、电压稳定域、不稳定域和暂态稳定域等用形象直观的可视图形表达出来。不论系统中相继发生了多少条支路的开断和多少个注入量的切除，运行人员都能够清楚地把握住系统的实际稳定程度并采取必要的稳定控制措施。

另外，当系统发生故障时，在线分析工具能在线采集到实际的运行工况，并能在很短的时间内对该运行工况进行详尽的研究，不断刷新控制措施表，快速搜索对应于给定故障集的、满足一定的系统稳定裕度的、控制代价最小的控制策略。

6. 数字电力系统

所谓数字电力系统，就是以三维空间信息技术为基础，将某一实际运行的电力系统的规划设计、物理结构、物理特性、技术性能、经济管理、环保指标、人员状况、科教活动等数字化、可视化、实时或准实时地描述与再现。

数字电力系统可以增加电力系统规划、生产、运行和电力系统研究的效率，其包含的内容很多，工程庞大，但随着现代信息技术、计算机技术的快速发展，数字电力系统也将会得到更快的发展和普及。

## 1.3　电力系统实验教学特点及其重要性

### 1.3.1　实验教学在高等教育中的重要地位

21 世纪迎来了知识经济时代，知识已成为经济发展的核心动力。社会的发展、知识的不断创新、高新技术的发展和产业化，都依赖于具有创新、创造力和善于运用知识的人。经济和科技的竞争，是人才的竞争，更是人才创新精神和创造能力的竞争。这就要求调整过去那种"传道、授业、解惑"的传统教学模式，把培养学生的创新能力放到应有的高度。

实验教学是高等教育中理论联系实际的重要教学环节，对培养学生的独立工作能力、创新能力，巩固和验证所学的理论知识具有重要作用。

第一，从认识论的角度看，实践教育在高等教育中占有重要地位。实践是认识的基础，对认识活动起着重要的作用。学校是传授知识的场所，但学生要获得这些知识，并在已有的理论基础上创新，都离不开实践。实践是激励和引导学生学习和掌握知识的动力源泉，是学生获得完全的知识而不是抽象的、片面的知识的必要条件，是促进学生知识转化的必要途径。因此，实践教育是创新人才培养过程中贯穿始终的、不可缺少的重要组成部分。

第二，从人才培养的角度看，实践教育对高校培养创新拔尖人才尤其重要。实践教育对培养有较高的思想素质、较好的知识结构和较强的创新能力的学术大师、治国之士和兴业之才，有着至关重要的作用。

第三，从世界范围看，加强实践教育已经成为高等教育发展的潮流。据了解，尽管各国高等教育有其独特的文化背景和发展轨迹，国外教育教学与课程建设发展、改革的经验对我们未必有直接的适用性，然而上面谈到的实践教育的两点，实际上已经成为各国高等教育发展的共识。

总之，实践教育是人才培养不可缺少的重要环节。无论是对学生的业务培养、还是对学生思想素质的提高，无论是对理工科学生、还是对人文社会科学领域的学生，实践教育都是非常重要的。

### 1.3.2 电力系统实验课的特点

1. 电气工程及其自动化专业对实验教学的基本要求

高校电气工程及其自动化专业是要培养适应电力系统现代化发展的具有创新精神的复合型、应用型工程技术人才。该专业所学内容涉及面较广，综合了微电子、电力电子、计算机、传感器技术、检测与转换、控制等多项技术，系统理论发展很快，知识结构综合程度也很高。电气工程及其自动化专业实验教学要求学生既要牢固掌握基础理论，又能掌握研究问题的方法，具备较强的理解能力、动手能力和科研能力。

现代电力系统是人类所建立的最复杂的工业系统之一。电力系统是由多台发电机、变压器、输电线路和负荷等电气元件组成，电网规模可能达到几万个节点和几十万条支路。在实验教学中需要建立一个高度自动化的多机复杂电力系统模型，使它能够反映和仿真现代电能的生产、传输、分配和使用的全过程，充分体现现代电力系统高度自动化、信息化、互动化的特点，实现电力系统检测、控制、监视、保护、调度的自动化。这样才能加深学生对理论知识的理解并进行理论应用思考，提高学生的综合素质和创新能力，使之成为适应电力系统现代化建设需要的复合型、应用型工程技术人才。

2. 电力系统实验教学目标和要求

实验教学目标：为电气工程及其自动化专业学生从事电力系统运行、工程、设计和理论研究建立必要的实践基础，提高其工程实践动手能力。

实践教学的设计思想：对课程重点内容的基本原理进行验证，帮助学生理解课程重点内容，培养学生对工程问题的观察和分析能力。

实验教学要达到的效果：一是要优化实验教学体系，培养学生的创新能力，激发学生对科学实验的兴趣，发挥学生的想象力和创造性，激发学生的创新潜能。二是通过做综合性实验项目，让学生了解电力系统发电、输电、配电、用电的全过程，对电力系统有全局认识，加强工程概念。三是实验教学，既注重学生纵向知识的系统性，又注重学生横向知识的相互渗透，同时可以增强学生的计算机应用能力。

3. 电气工程及其自动化专业的实验室建设和发展

电力系统及其自动化专业的实验教学环境可分课程实验环境和综合仿真实验环境。相关实验室有：电力系统动态模拟实验室、电力系统数字仿真实验室和电力系统实时仿真实验室等。

实验室的建设思想是将课程实验与综合实验、实践教学与科学研究结合起来，充分发挥设备的使用效率。这些实验室既是电气工程学科学生的课程实验和综合实验环境，也是学生和教师的科研环境。

电力系统仿真实验平台是电力系统的物理模拟，是真实电力系统的缩影。由模拟发电机、模拟变压器、模拟输电线路、模拟负荷、元件级数字控制装置、系统级数字监控系统等设备组成，反映了电力系统电能生产、输送、消费三大环节，同时也模拟了原动机特性及调速特性、发电机励磁特性，可以模拟现代电力系统中各实时运行状态，反映电力系统的动态特性。因此，是研究电力系统的重要工具之一，能够复现实际电力系统的各种运行情况（包括各种静态和动态过程）。同时，为了能进行大规模电力系统的教学实验，电力系统仿真实验平台还同步建成了电力系统全数字仿真系统，将大规模复杂电力系统用特高阶微分代数方程组描述，对物理系统的运动轨迹实施实时数字跟踪仿真，逼真模拟电力大系统的稳态、机电暂态和由此引发的保护和自动装置的动作过程。该数字仿真系统可 24 小时连续运转，是实际电力大系统的"影子系统"。通过该实验课，学生可以自己独立动手完成发电机的并列、有功无功调节、系统稳定运行、暂态运行、失磁等与理论课结合紧密的研究型实验。通过实验方案的设计、参数计算、电网接线、参数调整、正常运行方式的建立、实验研究，直到数据整理、实验结果分析和撰写实验报告等一整套工作，培养学生的动手实践能力、综合科研能力、团队合作精神和创新精神。在该实验课中也可将若干部分实验内容组合成一个课题深入研究，这样可以充分发挥在科学实验方面的主动性和创造能力，提高实验教学的水平和质量。

电力系统规划、设计、运行、控制和理论研究等都离不开电力系统仿真。电力系统数字仿真实验室一般都配置有电力系统分析综合程序等电力系统数字仿真软件及电力系统数字仿真研究平台，可以进行电力系统的各种潮流分析实验、同步发电机的静态安全运行极限实验等，可以为培养电气工程与自动化专业学生从事电力系统运行、工程、设计和理论研究建立必要的基础。

将现代仿真技术应用在电气工程及其自动化专业的实验教学中，为学生提供一种系统化的、与现实十分接近的实验环境，让学生在其中进行综合性的实验训练，已成为电气工程及其自动化专业实验教学的鲜明特色。

# 第2章　电力系统物理模拟原理

电力系统物理模拟是建立在相似原理的基础上，反映实物物理过程的模拟研究方法。电力系统物理模拟是保证在模型上反映的过程和实际系统中的过程相似，并且模型上的过程和原型的过程具有相同的物理实质。电力系统物理模型能够考虑许多在数学模拟中难以计及的因素，如参数随电流及频率变化的非线性关系、电机内部过程的影响等，不受列数学方程式或求解整个系统复杂的高阶微分方程式的限制。但是动态模拟也有不足之处，主要是难以模拟大规模系统，而且模型机组必须专门设计制造，参数的调整和改变比较麻烦，灵活性不够，而且准确度也不太高等。所以，应根据研究的对象和问题以及数学模拟和物理模拟各自适宜的应用特点和范围，选择合适的研究方法。但是，对电力系统的研究必须理论和实验相结合，数学模拟和物理模拟相互补充配合，以促进研究和解决电力系统中的各种复杂问题。

## 2.1　物理模拟的建模依据

### 2.1.1　相似理论

1. 相似第一定理

相似第一定理最简洁的表述为：相似现象的相似指标等于1。

【例 2-1】　设有两个 $RL$ 电路，如图 2-1 所示。

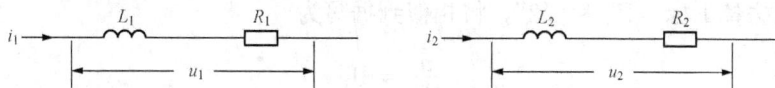

图 2-1　$RL$ 电路示意图

对于左边电路有

$$u_1 = i_1 R_1 + L_1 \frac{\mathrm{d}i_1}{\mathrm{d}t_1} \tag{2-1}$$

对于右边电路有

$$u_2 = i_2 R_2 + L_2 \frac{\mathrm{d}i_2}{\mathrm{d}t_2} \tag{2-2}$$

式 (2-1)、式 (2-2) 也可写为

$$\frac{u_1}{i_1 R_1} = 1 + \frac{L_1}{i_1 R_1} \frac{\mathrm{d}i_1}{\mathrm{d}t_1} \tag{2-3}$$

$$\frac{u_2}{i_2 R_2} = 1 + \frac{L_2}{i_2 R_2} \frac{\mathrm{d}i_2}{\mathrm{d}t_2} \tag{2-4}$$

如果这两个电路的电过程相似，则必在各对应的物理量之间存在着一定比例关系，如式 (2-5) 所示。

$$
\left.\begin{aligned}
u_1 &= M_u u_2 \\
i_1 &= M_i i_2 \\
R_1 &= M_R R_2 \\
L_1 &= M_L L_2 \\
t_1 &= M_t t_2
\end{aligned}\right\} \tag{2-5}
$$

将式（2-5）代入式（2-3）整理得

$$
\frac{M_u}{M_i M_R} \frac{u_2}{i_2 R_2} = 1 + \frac{M_L}{M_t M_R} \frac{L_2}{i_2 R_2} \frac{\mathrm{d} i_2}{\mathrm{d} t_2} \tag{2-6}
$$

将式（2-6）与式（2-4）作比较可得到两电路的相似条件为

$$
\left.\begin{aligned}
\frac{M_u}{M_i M_R} &= 1 \\
\frac{M_L}{M_t M_R} &= 1
\end{aligned}\right\} \tag{2-7}
$$

式中：$\dfrac{M_u}{M_i M_R}$、$\dfrac{M_L}{M_t M_R}$ 称为相似指标，而 $\dfrac{u_1}{i_1 R_1}$、$\dfrac{u_2}{i_2 R_2}$、$\dfrac{L_1}{R_1 t_1}$ 及 $\dfrac{L_2}{R_2 t_2}$ 称为该相似系统的相似判据。

由于相似指标等于1，对应时间和对应空间点上的两个系统的相似判据是相等的，例如

$$
\frac{u_1}{i_1 R_1} = \frac{M_u u_2}{M_i i_2 M_R R_2} = \frac{M_u}{M_i M_R} \frac{u_2}{i_2 R_2} = \frac{u_2}{i_2 R_2}
$$

$$
\frac{L_1}{R_1 t_1} = \frac{M_L L_2}{M_R R_2 M_t t_2} = \frac{M_L}{M_R M_t} \frac{L_2}{R_2 t_2} = \frac{L_2}{R_2 t_2}
$$

因此可以去掉下标"1"和"2"，将相似判据写为

$$
\frac{u}{Ri} = \Pi_1
$$

$$
\frac{L}{Rt} = \Pi_2 \tag{2-8}
$$

式（2-8）是相似第一定理的另一种表达方式，即相似现象之间所具有的相似判据在数值上是相等的。

由相似第一定理可见，两相似现象中同类量的比例，即相似常数，是不能任意选定的。这是因为描述现象的各个量之间并非互不相关，而是存在着自然规律所决定的一定关系。

2. 相似第二定理

相似第一定理只是指出了相似指标等于1或相似判据应该相等，但没有回答两相似系统之间究竟有多少相似判据和如何求得这些判据，相似第二定理则回答了这个问题。

相似第二定理指出：假设任一物理现象是由 $n$ 个量纲不同的物理量组成，这些物理量中有 $k$ 个是互相独立的，另外 $n-k$ 个则是不独立的，则表示这一物理现象的方程式也可用 $k$ 个无量纲的量完整地表达出来。

从关系方程得到相似判据的方法称为方程分析法。在描述相似现象的方程中任取一项去除方程各项，使方程成为无量纲的形式，同时当遇到微分或积分运算时，去掉微分和积分符号，并保留参加运算的变量，如下所示。

$$\frac{\mathrm{d}i}{\mathrm{d}t} \rightarrow \frac{i}{t}, \frac{d^2 i}{dt^2} \rightarrow \frac{i^2}{t^2}, \int i\mathrm{d}t \rightarrow it, \iint u\mathrm{d}x\mathrm{d}y \rightarrow uxy$$

这时方程中除去是"1"和不独立的那些项外，其余各项都是相似判据。

应用方程分析法时必须注意以下几点。

(1) 要找出描述现象所有物理量之间的全部关系方程式，不可漏掉部分方程，否则将导致错误。

(2) 用某一项去除方程的各项后所得到的判据中有的可能是不独立的，如有这样的判据应将其删除。

(3) 如果在方程式中含有非齐次函数，那么还应添上非齐次函数的变量相等的条件。例如，对于 $\sin\omega t$ 函数，应该有相似判据 $\omega t = \pi$。

(4) 因可选方程中的任一项去除各项，故同一过程的相似判据的表现形式可能不同。

在电力系统的分析与研究中，往往把系统的方程式写成标幺值的形式。只要模拟系统的变量和参数的标幺值与原系统对应的变量和参数的标幺值相等，则两者就实现了相似。

当所研究现象的关系方程为未知（未能得到数学形式表示的具体方程）时，可用量纲分析法决定相似判据，它从描述给定现象的诸物理量的量纲分析入手，从形式推理出发去研究相似判据。量纲分析法的实质是利用描述现象的诸物理量在量纲上的相互关系来求取相似判据。应注意，被选出来的测量对象必须是相互独立的，其个数应与基本单位的个数相同。

因为大多数物理现象均可用一定的方程加以描述，且用方程分析法求出的相似判据可靠，故一般都采用方程分析法。

3. 相似第三定理

相似第一、第二定理是在假设现象相似的基础上推导出来的，它们确定了相似现象的性质（相似的必要条件），但没有指出两过程应该具备什么条件才相似。相似第三定理则指出了两现象相似的充分和必要条件。对于用方程描述的现象或过程，该定理指出：如果由方程引出的相似判据相同，且初始条件和边界条件相似，则两现象相似。

例如，$RL$ 电路中的电过程用微分方程描述如下

$$u = iR + L\frac{\mathrm{d}i}{\mathrm{d}t}$$

应用方程分析法后可知，欲使两个回路的电过程相似，即

$$u_1(t_1) = M_u u_2(t_2)$$

$$i_1 = M_i i_2(t_2)$$

$$R_1 = M_R R_2$$

$$L_1 = M_L L_2$$

$$t_1 = M_t t_2$$

必须使诸相似常数满足由方程导出的相似条件

$$\frac{M_u}{M_i M_R} = 1$$

$$\frac{M_L}{M_i M_t} = 1$$

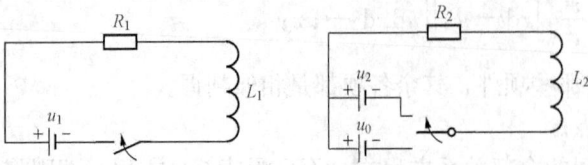

同时，初始条件也必须相似，即 $i_1(0) = M_i i_2(0)$。

如图 2-2 所示的两个电路，左边回路中，在 $t_1 = 0$ 时加直流电压 $U_1$；右边回路原来在恒压电压 $U_0$ 的作用下已处于稳定，现于 $t_2 = 0$ 时加直流电压 $U_2$。显然，两个回路中电流的变化过程分别如图 2-3 所示。虽然描述这两个回路电过程的微分方程相同，但由于初始条件不相似，即 $i_1(0) \neq M_i i_2(0)$，使得这两个过程不相似。

在具体运用这些相似理论解决实际问题时，还需要以下四项附加条件。

（1）由若干个系统组成的复合系统，只要单个系统分别相似，也即其中对应的各元件是相似的，且各系统的边界条件是相似的，那么整个系统就是相似的。

（2）适用于线性系统中的相似条件可推广应用到非线性系统中，只要其非线性参数的相对特性是重合的，即该可变参数对于某一变量的函数关系相似。

（3）适用于各项同性的系统以及在某种意义上说适合于均质系统的相似条

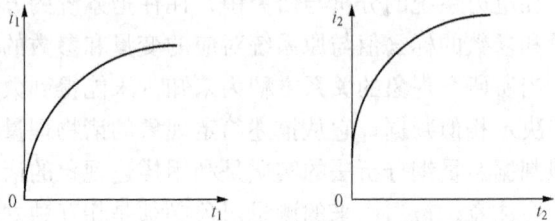

图 2-3　电流随时间变化曲线

件，也可以推广到各项异性和非均质的系统中去。只要在所比较的系统中，对应的各项异性和非均质是相同的。

（4）几何上不相似的系统中的物理过程也可以相似，而且在这个系统的空间中每一个点，都可以在另一相似系统的空间中找到完全一定的对应点。

### 2.1.2　相似理论在物理模拟中的应用

上节提到的几个附加条件对实现电力系统的动态模拟有重要意义，因为电力系统虽然很复杂，但还是由简单元件组成的。所以，只要模型系统中的每一个元件都与原型系统对应相似，并且按原型系统连接起来，即满足边界条件相似，则整个系统便相似了。同样，实际电力系统的许多元件特性是非线性的，受饱和情况等影响，在数学计算中要计及这些非线性特性是很困难的，但在模拟发电机中，如果磁路饱和情况模拟对了，则非线性特性对过渡过程的影响就能自动反映出来了。

现根据实际模拟应用情况，补充局部相似条件，其具体内容为：根据具体问题的要求，模型系统只要满足部分相似条件，而非全部相似条件，便可以使模型系统和原型系统在指定的现象或动态过程中是相似的。

在电力系统动态模拟中，所模拟的各元件主要是指模拟电路的相似，而没有顾及场的相似。例如模拟发电机、变压器，为了获得电特性的相似，在结构上是特殊设计的，所以几何空间场是不相似的。又如，输电线路模型是由等值Π链形电路组成，即由集中参数的元件做成的，不但几何上不相似，而且空间上也没有对应点，但模型系统还是可以和原型系统在电特性方面相似。

## 2.2　同步发电机的模拟

### 2.2.1　同步发电机的模拟条件

同步发电机在过渡过程中所表现的物理现象有两个方面：电磁的变化过程和转子机械运动的变化过程，这两个过程有十分紧密的联系。电机内部电磁场的分布及其变化决定了电机电磁转矩的大小及其变化，也就影响到电机转子的运动，而电机转子相对运动的情况反过来又决定电磁转矩的大小及其变化。要正确而全面地模拟同步发电机内部的电磁场是一个非常复杂的问题，这样的模拟在其相似条件中不仅包含电机的特性参数，而且还包含电机的有关尺寸和材料的性质，实际上，要实现这样的模拟是十分困难的。对于研究电力系统电机过渡过程的动态模拟来说，重要的是研究电磁量和转子运动随时间的变化过程，而电机内部电磁场的分布则可以不予考虑。这样，同步发电机模拟的实现就大为简化，即模型系统和原型系统以标幺值形式的电磁过渡过程和机电过渡过程的方程式如果是完全相同的，那么就认为两者是相似的。

同步发电机的电磁过渡过程为

$$i_k = \left[ \left( \frac{1}{x_d''} - \frac{1}{x_d'} \right) e^{-\frac{1}{T_d''}} + \left( \frac{1}{x_d'} - \frac{1}{x_d} \right) e^{-\frac{1}{T_d'}} + \frac{1}{x_d} \right] \cos(\omega t + \varphi) \tag{2-9}$$

在同步电机的模拟时，按相似条件，除了以标幺值表示的电抗 $X_d$、$X_q$、$X_d'$、$X_d''$、$X_q''$ 及定子电抗 $X_s$、励磁绕组电抗 $X_e$、励磁绕组电阻 $R_e$、励磁绕组时间常数 $T_{d0}$、零序电抗 $X_0$、转子惯性时间常数 $T_j$ 等参数要求相等外，还要考虑：

（1）同步发电机的空载特性一致；

（2）电压波形接近正弦波；

（3）电机的频率特性一致；

（4）相对的短路附加损耗相等。

### 2.2.2　同步发电机的模拟实现

同步发电机的机电过渡过程如下

$$\frac{T_J d^2 \delta}{dt^2} + M_e(t) = M_T(t) \tag{2-10}$$

式中：$M_T(t)$ 为机械转矩，它由原动机及其调速器的特性决定，将在原动机调速器的模拟中考虑；$T_j$ 是包括原动机在内的整个机组的惯性常数，为了使模拟发电机能够有通用性，要求模拟发电机惯性常数比一般原型电机要小，这样可用在电机轴上附加飞轮片的方法来调整；$M_e(t)$ 是电机的电磁转矩，它的数值与电机中的许多参数和时间常数是有关系的。

模拟发电机是按参数要求专门设计的，其体积比同容量的普通电机大 5～6 倍，除励磁绕组时间常数 $T_{d0}$ 外，其他参数基本能接近大型电机参数。而励磁绕组时间常数 $T_{d0}$ 的模拟依靠在励磁回路中串接负电阻器（即时间常数补偿调节器）的方法解决。

### 2.2.3　模拟发电机的容量及改变容量对电机参数的影响

普通发电机的容量是不能改变的，尤其是不容许超过额定容量长时间运行。但模拟发电机却不同，它的容量可以在很大范围内变化。这是因为模拟发电机是根据参数和特性与原型发电机相似的要求进行设计的，电磁负荷都取得比较低，因此铭牌上的额定容量与普通电机不同，它不取决于容许发热条件，实际上只表明该机组的参数所取的基准值而已。所以从容许发热的角度考虑，模拟发电机的容量可以在很大范围内变化。例如 5kVA 的发电机可以提高到 10kVA 左右。

当改变模拟发电机的容量时，发电机参数的标幺值也将发生变化。其基本规律是：随着模拟电机容量的增大，所有电路阻抗标幺值都成比例地加大，而惯性时间常数则成比例地减小；降低模拟机的容量时，则参数标幺值的变化与上述相反。发电机组惯性时间常数（转子飞升时间常数）是指发电机的转轴上加额定转矩后，转子从停顿状态加速到额定转速所需要的时间。

### 2.2.4 模拟比的确定

在进行电力系统模拟计算时，有一个基本关系必须满足，即

$$m_u = m_i m_z \tag{2-11}$$

式中：$m_u$ 为电压比，$m_u = \dfrac{U_y}{U_m}$ 为原型电压 $U_y$ 与模型电压 $U_m$ 比；$m_i$ 为电流比，$m_i = \dfrac{I_y}{I_m}$ 为原型电流 $I_y$ 与模型电流 $I_m$ 比；$m_z$ 为阻抗比，$m_z = \dfrac{Z_y}{Z_m}$ 为原型电抗 $Z_y$ 与模型电抗 $Z_m$ 比。

但是在电力系统中，一般习惯用功率来表示设备的容量，因此，原型与模型之间还有一个功率比，即

$$m_p = \frac{P_y}{P_m} = \frac{S_y}{S_m}$$

式中：$m_p$ 为功率比；$P_y$ 为原型机有功功率；$P_m$ 为模型机有功功率；$S_y$ 为原型机视在功率；$S_m$ 为模型机视在功率。

但这个比例不是孤立的，它可以由其余三个模拟比中的两个计算出来，其关系式为

$$m_p = m_u m_i = \frac{m_u^2}{m_z} \tag{2-12}$$

由此可见，式（2-12）中的四个系数，只有两个自由度（即只有两个可以任意选择），另外两个必须根据上述方程式计算出来，才能满足相似条件。这一情况与在进行标幺值计算时选取基准值的情况完全一样，不是偶然的。实际上，模拟比和标幺值之间具有非常紧密的内在联系，下面对这个问题进行分析。

当原型参数与模型参数只差一个模拟比 $m_z$ 时，存在着以下关系

$$Z_y = m_z Z_m \tag{2-13}$$

则

$$Z_y = \frac{m_u^2}{m_p} Z_m = \frac{U_y^2 S_m}{U_m^2 S_y} Z_m$$

由此可得

$$\frac{S_y}{U_y^2} Z_y = \frac{S_m}{U_m^2} Z_m$$

即

$$Z_y^* = Z_m^*$$

这就是说，若两台机的阻抗有名值之比是 $m_z$，则其标幺值一定相等。反之，若阻抗标幺值相等，则有名值之比一定为 $m_z$。明确这一点，对进行参数计算具有重要意义，下面通过一个例子来说明。

假设要用一台 5kVA，220V 的模拟同步发电机（以下简称模拟机）模拟一台 50 000kVA，10.5kV，$X_{dy} = 3.96\Omega$（$X_{dy}^* = 1.8$）的同步发电机。根据相似条件计算模拟机的同步电抗

$X_{dm}$，计算过程如下。

$$m_p = \frac{P_y}{P_m} = \frac{50\,000}{5} = 1\,0000$$

$$m_u = \frac{U_y}{U_m} = \frac{10\,500}{220} = 47.8$$

$$m_z = \frac{m_u^2}{m_p} = \frac{47.8^2}{10\,000} = 0.228$$

所以 $$X_{dm} = \frac{X_{dy}}{m_z} = \frac{3.96}{0.228} = 17.4(\Omega)$$

即根据相似条件，模拟机的同步电抗应等于 $17.4\Omega$，才能满足选定 $m_p$、$m_u$ 时的模拟要求。

计算模拟机的同步电抗标幺值，即

$$X_{dm}^* = X_{dm}\frac{S_m}{U_m^2} = 17.4 \times \frac{5000}{220^2} = 1.8$$

由此可见，当阻抗有名值满足 $m_z$ 的比例关系时，其标幺值确实相等。根据这个结论，在进行参数计算时，还可以直接利用关系式 $X^* = X\dfrac{S}{U^2}$，假定模型参数的标幺值与原型相等，然后再考虑等号右边的三个参数如何变化才能满足要求，这样做往往更为直观且方便一些。

如在上例中，如果假定模型同步发电机的标幺值与原型相等，则有

$$X_{dm} = X_{dy}^*\frac{U_m^2}{S_m} = 1.8 \times \frac{220^2}{5000} = 17.4(\Omega)$$

可见结果与采用阻抗比计算出来的完全一致。

### 2.2.5 模拟机参数的调整方法

参数调整的目的，就是要使模拟机组的参数与原型机的参数成一定的比例或使两者的标幺值相等，以满足相似要求。模拟机组的参数调整方法有如下几种。

1. 改变功率比 $m_p$

根据标幺值计算公式 $X^* = X\dfrac{S}{U^2}$ 可知，为了改变模拟机的电抗标幺值 $X^*$，使它等于或接近原型机的电抗标幺值，可以改变模拟机的基准容量，也就是改变功率比 $m_p$，这是最常用的措施。但要注意，这种方法只有当功率比 $m_p$ 可以任意选择时才可行。如果在复杂系统模拟时，$m_p$ 已经确定，就不能随便改变。同时改变功率比还要考虑到对 $T_J$ 的影响。

2. 改变电压比 $m_u$

改变电压比 $m_u$，即改变模拟机的基准电压也可以改变模拟机的电抗标幺值 $X^*$，但必须考虑到空载特性的模拟问题。要使模拟机与原型机的空载特性完全一致是很困难的，一般大型发电机的空载特性，开始一段接近线性，但一经饱和，曲线的斜率开始加大。而模拟机的空载特性一开始就有弯曲，饱和阶段的曲线仍有较大的斜率。因此，只能要求模拟机在运行范围内与原型机基本一致。

3. 外串电抗或加大升压变压器的漏抗

只有当漏抗不足时，才能采用外串电抗或加大升压变压器端抗的方法。由于串接电抗影响到 $X_d$ 与 $X_d'$（或 $X_d''$）的比例关系，因此当要求准确模拟时，还要考虑到 $X_d$ 与 $X_d'$（或 $X_d''$）

的比值在外串电抗后是否保持与原型相等。

4. 调换转子

因不同转子与定子间的气隙有差别，故调换转子可以得到不同的参数。

5. 调整励磁绕组时间常数 $T_{do}$

$T_{do}$ 主要靠改变负电阻器的补偿度加以调整。

6. 调整机械时间常数 $T_J$

$T_J$ 是用时间常数表示的机组转动惯量，它对各种机电暂态过程，即机组的角度和转速变化有直接影响。当它太小时可外加飞轮片来提高。

## 2.3　同步发电机其他部分的模拟

励磁系统是同步发电机的重要组成部分，对电力系统过渡过程产生很大的影响。利用动态模拟方法研究励磁系统对电力系统稳定运行的影响具有独特的优点，与其他计算工具必须引入某些假设不同，在动态模型上可直接进行原型励磁装置的实验，研究其最佳调节规律。动态模型励磁系统不仅对研究电力系统等问题来说是必要的，而且对研究励磁系统本身的暂态过程、改进励磁系统的结构和参数等问题来说也是必要的。

为了在模型上有效进行自动励磁调节器、强行励磁装置的实验研究和它们对系统稳定的作用研究，以及励磁系统本身过渡过程和结构的研究等，励磁系统的模拟必须正确全面地反映大型电机励磁系统的物理过程，对模型的励磁系统有以下基本要求。

（1）原型和模拟发电机的转子回路，应具有相同的标幺值参数，即励磁绕组电阻 $R_e$、电抗 $X_e$、漏抗 $X_{se}$ 以及定子和阻尼绕组开路时的励磁绕组的时间常数 $T_{do}$ 等参数的标幺值应该相等。

（2）模型的励磁系统各元件和原型励磁系统中的相应元件，应具有相似的静态和动态特性，通常要求励磁机的励磁绕组的时间常数 $T_{do}$ 与原型相等，励磁机的空载和负荷特性与原型相似。

（3）模型中的励磁调节装置和原型的励磁调节装置应具有相同的特性。通常要求调节器的形式相同、调差率相同、调节的时间常数相同、强行励磁倍数相同等。

（4）模拟发电机的励磁系统参数能在广泛范围内进行调整，并能够方便地改变模型励磁系统的接线，使之适合于不同的模拟对象。

然而，在实际中采用物理模拟的方法模拟各种类型的励磁调节器是很困难的。因为，即使采用相同的励磁方式进行模拟，对励磁系统中的各个环节，如励磁机的励磁绕组、各励磁绕组之间的互感和漏磁现象、励磁调节器的调节规律、发电机的磁场绕组等，进行严格的模拟很难办到。因此，只能考虑在尽可能的情况下达到某种程度的相似，或者根据任务的要求侧重对某个研究问题，获得不致使对原型产生不能忽略的歪曲的前提下，作出简化的模拟励磁系统的方案。

在研究电力系统运行及其过渡过程时，仅仅考虑系统中各电路元件的参数和特性是不够的，还必须考虑原动机（汽轮机或水轮机）的特性，特别是包括调速器在内的整个原动机的特性，因为它们对系统有很大的影响。原动机特性对电力系统过渡过程的影响与过渡过程本身所经历的时间长短有关，不同的研究课题所要求的原动机模拟精确度也不一样。

（1）研究小干扰或静态稳定问题时，电力系统中与静态稳定联系的过渡过程都是在百分之几秒内完成的，由于机组的惯性，发电机转子的转速在这样短的时间内基本不变。即在这种情况下，原动机的特性对过渡过程影响不大，所以可以不模拟原动机特性，只模拟发电机组特性即可。

（2）研究大干扰小变速或动态稳定问题时，发电机转速将在同步速附近发生摇摆，转速振动范围不超过 1%，即历时零点几秒，在这种情况下，只要求模拟发电机在额定转速附近，原动机的力矩特性按线性考虑即可。

（3）研究大干扰大变速或非同步运行、再同期等问题时，系统中过渡过程可历时几秒至几百秒，转速变化范围很大，因而要求全面模拟原动机及调速器系统，即要求全面考虑其力矩特性、调速器等。

调速系统是原动机的一个重要组成部分，其作用主要是自动维持机组的转速和自动分配机组间的负荷。在电力系统中和其他自动装置联合作用，还能够进行频率和有功功率的自动调节。

当利用动态模拟研究电力系统的过渡过程时，必须对调速系统进行模拟。一般采用数学方法模拟，即找出原型调速系统的运动方程，根据相似原理，用另一种具有同样微分方程的装置进行模拟。

同步发电机励磁、调速、原动机的具体模拟方法由于篇幅限制，在此不再详述。

## 2.4 变压器的模拟

当研究电力系统的电磁过程时，变压器模拟的任务主要是要求时间上的过渡过程相似，没必要保证变压器的电场和磁场与原型相似。因为并不需要研究变压器内部的各种现象，所以可以将变压器视作一个集中参数的元件来模拟。

变压器模型与原型相似的条件：

（1）变压器短路电抗 $X_k$ 的标幺值与原型相等；

（2）变压器的铜耗 $P_{cu}$、短路损耗 $P_k$ 的标幺值与原型相等；

（3）变压器在额定电压时的空载励磁电流 $I_0$、空载损耗 $P_0$ 的标幺值与原型相等；

（4）变压器模型与原型的空载特性相同；

（5）为了模拟变压器的不对称运行，要求其零序电抗 $X_0$ 的标幺值与原型相等，即要求模型变压器各绕组的联结方式和原型相同；

（6）要求模拟变压器的磁路系统与原型相同。

### 2.4.1 变压器模拟的特点

如果用普通小型变压器作为模拟变压器，要满足上述的要求是不可能的。因为小型变压器与大型变压器相比，参数标幺值相差很大。动模实验用的模型变压器必须专门设计。为了达到与原型变压器相同的短路电压值（10.5%～15%），可采用减小漏磁通路径中磁阻的方法，在模型变压器高低压绕组之间插入硅钢片，以增加漏磁通，也就增加了变压器的短路电压。此法不仅适用于单相模型变压器，而且适用于三相模型变压器；还可通过调节插入硅钢片的位置来改变短路电压的数值。

在实际使用模拟变压器进行实验时，针对具体问题可以运用局部相似。在研究与电力系统稳定有关的问题时，最重要的是短路损耗的模拟，空载电流可以允许比原型稍大，而空载损耗甚至比原型大 4～6 倍也不会引起显著的误差。当变压器附近有负荷和并联电抗器时，多余的励磁电流和有功损耗可归入附近负荷和并联电抗器中，误差就可减小。当研究线路空载运行情况，或带负荷时电压的变动情况时，便要求准确地模拟变压器的空载特性，此时对短路损耗的模拟，可以允许比原型的大些。

由于模型变压器的电磁负荷很低，在设计计算时可不进行热计算以及短路时的机械应力计算。

### 2.4.2　阻抗电压的计算

变压器的阻抗电压 $U_k$ 是指在额定频率下，将一个绕组短路，两绕组中通过额定电流时，在另一绕组上所加的电压，用该绕组额定电压的百分数表示的值。$U_k$ 包含两个分量，有功分量 $U_{kr}$ 和无功分量 $U_{kx}$。

$$U_k = \sqrt{U_{kr}^2 + U_{kx}^2}$$

式中：$U_{kr}$ 为变压器在短路状态时的电阻压降，其值为 $r_k I_N$；$r_k$ 为变压器在短路时折算过的总有效电阻；$I_N$ 为额定电流。

$$U_{kr} = \frac{r_k I_N}{U_N} \times 100\% = \frac{r_k I_N^2}{U_N I_N} \times 100\% = \frac{P_k}{S_N} \times 100\%$$

式中：$U_{kr}$ 的数值一般很小，对大型变压器可以忽略不计，认为 $U_k = U_{kx}$；$U_{kx}$ 是变压器在短路状态下的漏抗压降与其额定电压 $U_N$ 的比值（标幺值）。从原理上分析，当变压器处于短路状态时，铁芯的磁通仅有额定电压时的百分之几至十几，这时，励磁磁动势很小，可以忽略不计，因此两个绕组的磁动势相互平衡，它们所建立的磁通，几乎完全是由经铁芯以外而闭合的漏磁通。

设 $X_1$ 是绕组 1 的漏电抗，$X_2'$ 是绕组 2 归算到绕组 1 侧的漏抗。

$$X_k = X_1 + X_2'$$
$$X_k = \omega L_k = 2\pi f L_k$$

则 $U_{kx} \approx U_k$ 的计算，归结为计算变压器的等值漏感 $L_k$。

从电工基础可知，某空间的磁场能量 $\overline{W}$ 可以用表征磁场本身的参数，即磁场强度 $H$、磁通密度 $B$ 和磁场所占有空间的体积 $\overline{V}$ 表示出来，即

$$\overline{W} = \frac{1}{2} \int_{\overline{V}} B \cdot H d\overline{V}$$

同时磁场能量又可以用另一种形式的公式表示，即

$$\overline{W} = \frac{1}{2} L_k i^2$$

两式比较可得

$$L_k = \frac{1}{i^2} \int_{\overline{V}} B \cdot H d\overline{v}$$

因此，如果能计算出绕组的漏磁场的能量，便可决定 $X_k$，因而首先要求确定变压器中漏磁场的分布情况。但是漏磁场的实际分布在变压器中是很复杂的，要进行计算，必须根据具体情况做一些简化和假定。

### 2.4.3　模拟变压器的实例

模拟变压器有两种不同形式的绕组，其参数和绕组分别介绍如下。

**1. 交叠绕组型模拟变压器**

变压器的绕组排列和各绕组匝数如图 2-4 所示，绕组包括三种基本型式，即低压、高压和互换绕组。如变换接法，其 $U_k$ 调节范围为 $4\%\sim26\%$，励磁电流 $I_0=2.5\%I_n$，每台单相变压器额定容量为 2.5kVA。变压器规格如下：容量 $3\times2.5$kVA（成组）；联结方式，$\triangle/Y$；高压 $U=1040$V，低压 $U=400$V；励磁电流 $\leqslant2.5\%I_n$；短路损耗 $P_k\leqslant5\%P_N$，$P_0\leqslant3\%P_N$；$U_k$（%）$=4\%\sim26\%$。

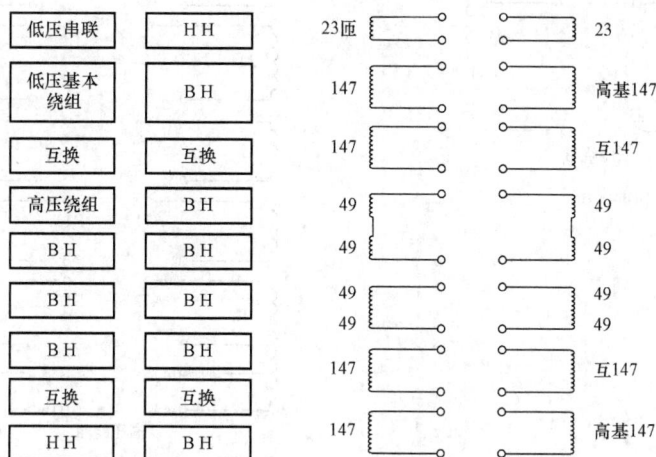

图 2-4　2.5kVA 模拟变压器绕组排列及匝数图

**2. 磁分路式模拟变压器**

磁分路用手轮调节，可以纵深插入高低压绕组之间以调节 $U_k$。2kVA 变压器绕组的端子排列如图 2-5 所示。其有关特性如下：

高压最大电压 1040V，低压 220V；

短路损耗为 $P_k=0.562\%\sim0.616\%P_N$；

空载损耗为 $P_0=1.8\%P_N$；

空载电流为 $I_0=3\%I_N$；

阻抗电压为 $20.0\%\sim20.5\%$。2kVA 变压器接法及变比见表 2-1，输出端为低压侧：a5-b5，高压侧：A16-B16。

表 2-1　　　　　　　　　　　　　2kVA 变压器接法及变比

| 高压侧接法 | A1B1 | A3B3 | A5B5 | A7B7 | A9B9 | A11B11 | A13B13 | A14B14 | A15B15 |
|---|---|---|---|---|---|---|---|---|---|
| 低压侧接法 | a1-b1 | a1-b1 | a1-b1 | a1-b1 | a1-b1 | a1-b1 | a1-b1 | a1-b1 | a1-b1 |
| 变比 | 4.73 | 4.36 | 4.00 | 3.64 | 1.09 | 0.73 | 0.36 | 0.18 | 0.09 |

**3. 模拟变压器变比及阻抗电压的调整实例**

【例 2-2】　在某次动模实验中，用可调磁分路式 2kVA 变压器组，模拟某大型水电站送端高压侧电压为 220kV 的变压器。已决定模拟电压比为 1kV：3.5V，又设低压侧母线电压已根据模拟发电机要求选定为 180V，变压器采用 $\triangle/Y$ 接法，测模拟变压器电压为：

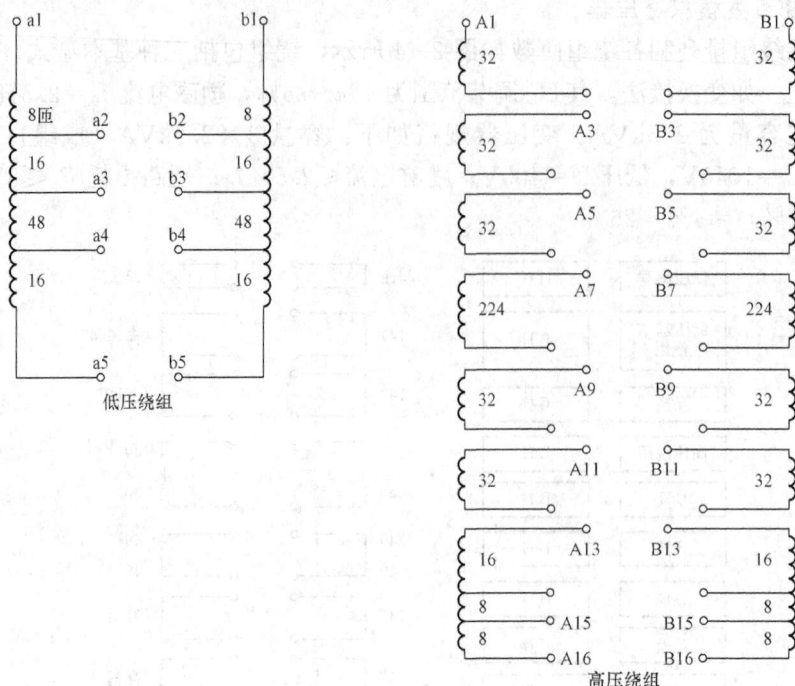

图 2-5　2kVA 变压器低压和高压绕组端子图

3.5×242/1＝847V，故模拟变压器变比为

$$k = \frac{847\sqrt{3}}{180} = 2.72$$

根据图 2-5 已列出的磁分路型式变压器的接线图，可知：

(1) 如果低压侧取 176 匝，高压侧为 2.72×176＝478（匝）。选配匝数为 478/2＝239，高压绕组组合方式为 224＋8＋8＝240 匝。

(2) 如果低压侧取 160 匝，高压侧为 272×160＝434（匝）。选配匝数为 434/2＝217，高压绕组组合方式为 224－8＝216（－8 匝，表示反接）。

两种方案均能满足变比为 2.72 的要求。

计算变压器的额定电流，设已决定模拟发电机额定容量为 4.9kVA，额定电压为 180V。故变压器额定电流为

$$I_N = \frac{4900}{\sqrt{3} \times 180} = 15.7(A)$$

计算应调整的 $U_k$ 百分数，已知等值发电机容量为 441MVA，等值变压器容量为 540MVA。给定变压器的短路电压百分数为 13%，折合以后的 $U_k$ 为

$$U_k = 0.13 \times \frac{540}{441} \times 100\% = 15.9\%$$

调整磁分路使 $U_k$＝15.9%，就能满足原型对短路电压的要求。

【例 2-3】　实验室用发电机之升压变压器是用三台 2kVA 单相模拟变压器组成，接线方式为 Yd11。此变压器是采用磁分路式的模拟变压器，该变压器绕组的接线端子排列及匝数如图 2-6 所示。磁分路用手轮调节，可以纵深插入高低压绕组之间，以调节 $u_k$，有关特

性如下：

最高电压：1040V 　　　　　　　　短路电压：13.26%～20.2%

空载电流：1.375% 　　　　　　　　短路损耗：0.60%～0.625%

空载损耗：1.00% 　　　　　　　　质量：220kg。

模拟变压器接法及变化见表 2-2，输出端为低压侧：a5-b5，高压侧：A16-B16。

表 2-2 模 拟 变 压 器 接 法

| 高压侧接法 | A1B1 | A3B3 | A5B5 | A7B7 | A9B9 | A 11B 11 | A 13B 13 | A 14B 14 | A 15B 15 |
|---|---|---|---|---|---|---|---|---|---|
| 低压侧接法 | a1-b1 | a1-b1 | a1-b1 | a1-b1 | a1-b1 | a1-b1 | a1-b1 | a1-b1 | a1-b1 |
| 变比 | 4.73 | 4.36 | 3.66 | 2.93 | 1.45 | 0.73 | 0.36 | 0.18 | 0.09 |

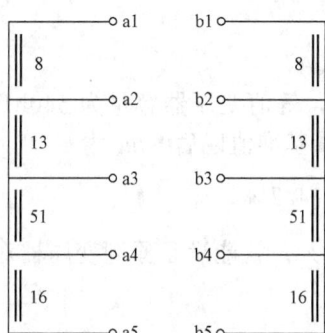

低压绕组

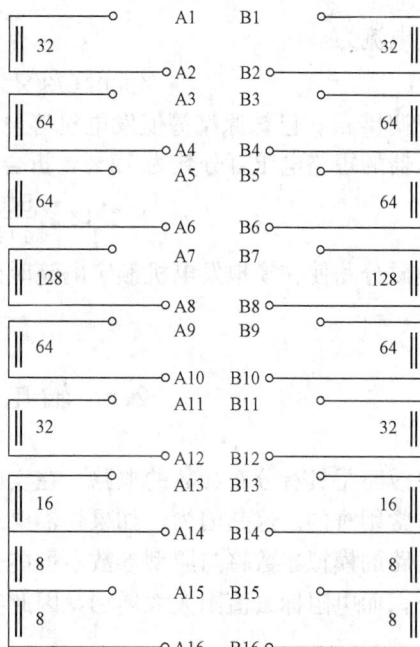

高压绕组

图 2-6　模拟变压器绕组排列

【例 2-4】　　用 2kVA 模拟变压器组模拟某大型水电站送端高压侧电压为 220kV 的变压器，采用模拟电压比为 1kV：3.5V。

由于是送端发电厂的母线运行电压较额定电压高，假定高 10%，则有

$$220 + 220 \times \frac{10}{100} = 242(\text{kV})$$

模拟变压器电压为 3.5×242/1＝847（V）

又设低压侧母线电压，根据模拟发电机要求选定为 180V，变压器采用△-Y接法，故模拟变压器变比为

$$k = \frac{847/\sqrt{3}}{180} = 2.72$$

根据上面已列出的变压器接线图，计算如下：

（1）如果低压绕组取 176 匝（a1－b1，a5－b5），高压绕组为 176×2.72＝478.72（匝）；

（2）如果低压绕组取 160 匝（a2－b2，a5－b5），高压绕组为 160×2.72＝435.2（匝）。

则按（1）选配时，匝数为

$$478.7/2 = 239.36 = 128+64+32+16 = 240(匝)$$

按（2）选配时，匝数为

$$435.2/2 = 217.6 = 128+64+16+8 = 216(匝)$$

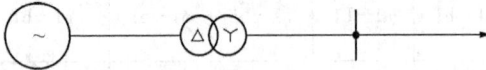

图 2-7　变压器接线图

以上两种匝数均能满足变比为 2.72 的要求，接线如图 2-7 所示。

计算变压器的额定电流：设模拟发电机额定容量为 4.9kVA，额定电压为 180V，故变压器额定电流为

$$4900/(\sqrt{3} \times 180) = 15.7(A)$$

计算调整 $u_k$，已知原型等值发电机容量为 441MVA，等值变压器容量为 540MVA，给定该变压器的短路电压百分数为 12%，折合至发电机容量基准值以后的 $u_k$ 为

$$u_k = 0.12 \times \frac{540}{441} \times 100\% = 14.7\%$$

调整磁分路使在模拟发电机额定电流时的 $u_k$ 为 14.7%，就能满足原型变压器对短路电压的要求。

## 2.5　输 电 线 路 的 模 拟

输电线路是具有分布参数的电路，在实验室的条件下，要实现分布参数输电线路的物理模拟是非常困难的。这是因为，如果将输电线路按几何相似关系缩小到实验室许可的尺寸，则输电线路的模拟参数将与原型参数不可能完全相同，其主要参数电抗和电容的标幺值都会大大减小，而电阻标幺值则大大增加，因此实验室的线路模拟不可能采用分布参数的精确物理模拟。

如果不要求利用输电线路的物理模型研究空间电磁场及电磁波的过程，而只是用它来研究一般的电磁及机电过程，只要线路两端或线路上某些点的电压、电流随时间变化过程相似，那么输电线路完全可以采用 π 形等值电路，以集中参数或分段集中参数来模拟输电线路。例如对比较短的、电压不高的架空线和电缆线路，可以用一串联阻抗来进行表示。对于较长的架空线或电缆线路，它们的电纳作用一般不能忽略，这时可采用 π 形等值电路，其中除串联线路的总阻抗外，将线路的总电纳分为两半，分别挂在线路的两端。对于长线路，由于 π 形等值电路的频率特性和具有分布参数的实际输电线的频率特性差别很大，频率越高，差别越大，所以用若干个 π 形电路串联模拟输电线路，每个 π 形电路代表的线路长度越短，误差也越小。

### 2.5.1　输电线路模拟方法

输电线路一般由三相导线组成，每相导线有它本身的自感，导线与导线之间有互感，导

线与大地之间有分布电容,若是双回输电线路,则回路与回路之间也存在互感,在用集中参数来模拟时,必须考虑这些互感和电容作用。

假设用一个 π 形环节来模拟长度为 $L\mathrm{km}$ 的一段线路,若忽略电导、电纳,则此段线路的正序(负序同理)网络可用图 2-8 来表示,零序网络可用图 2-9 来模拟。

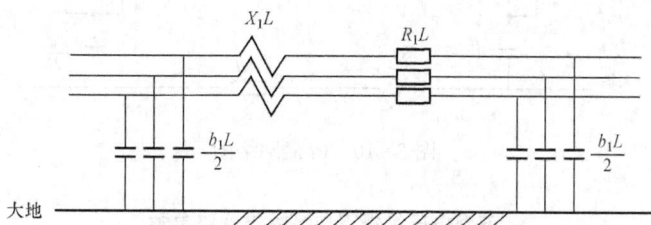

图 2-8　正序(负序)网络图

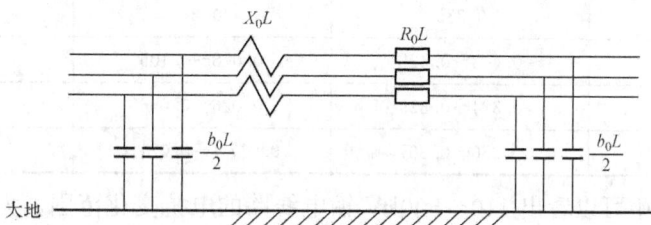

图 2-9　零序网络图

将这三个网络合并得到如图 2-10 所示的等值网络图,从而可以正确地反映正序、负序及零序的过渡过程。此时正序、负序电流只通过相线,而零序电流则通过相线入地构成一个通道,所以将零序阻抗的一部分移到地线,并不影响其过程。合并后,正序(负序)电流通道的参数没有变化,而零序参数则发生了变化,必须求其等值参数。在图 2-10 中,在相线上流过的零序电流为 $I_0$,而流过零线的电流为 $3I_0$,总的压降为

$$\Delta U_0 = I_0(R_1L + \mathrm{j}X_1L) + 3I_0(R_NL + \mathrm{j}X_NL) = I_0(Z_1 + 3Z_N)$$

但在零序网络中:$\Delta U_0 = I_0(R_0L + \mathrm{j}X_0L)$

以上两个网络的 $\Delta U$ 应相等,即:$R_0L + \mathrm{j}X_0L = R_1L + \mathrm{j}X_1L + 3(R_NL + \mathrm{j}X_NL)$

展开可得

$$X_N = \frac{X_0 - X_1}{3}, R_N = \frac{R_0 - R_1}{3}, Z_N = \frac{Z_0 - Z_1}{3}$$

按同样的方法可以求得

$$b_n = 3\frac{b_1 b_0}{b_1 - b_0}$$

### 2.5.2　输电线路模拟参数的确定

由于实际输电线路的电压等级、导线型号、线间距离及排列方法等的不同,因此各种线路的参数将有差别,设计模拟线路时,应该调整模拟参数以适应不同线路的原型参数。表 2-3 列出了不同电压等级下典型输电线路正序阻抗的变化情况。

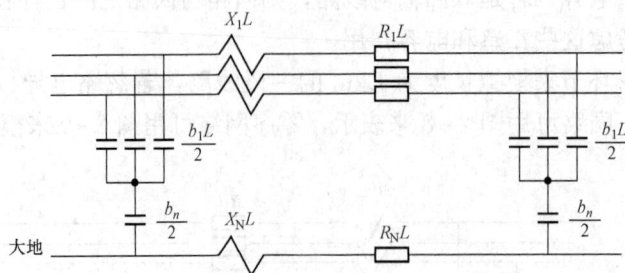

图 2-10　等值网络图

表 2-3　　　　　　　　　　　　　　　不同电压等级下典型输电线路参数

| 电压（kV） | 参数 电抗 $X_1$（Ω／km） | 电阻 $R_1$（Ω／km） | 比值$\frac{R_1}{X_1}$（%） |
|---|---|---|---|
| 110 | 0.385 | 0.21 | 54.4 |
| 220 | 0.403～0.422 | 0.078～0.105 | 18.48～26.05 |
| 330 | 0.324～0.329 | 0.026～0.056 | 7.90～17.28 |
| 500 | 0.250～0.307 | 0.017 1～0.021 4 | 5.57～8.56 |

从表（2-3）中可以看出 110～500kV 输电线路的电抗变化范围，大致为：$X_1 = 0.2 \sim 0.4\Omega/\text{km}$。

此外，110～500kV 各级电压的输电线路每千米相间电容为

$$C_{\text{ph}} = 0.001 \sim 0.001\,5\mu\text{F/km}$$

对地电容约为

$$C_0 = 0.006 \sim 0.008\mu\text{F/km}$$

这些输电线路的参数虽然各有不同，但若以输电线路的额定电压及其自然功率为基值而计算其标幺值，就会得到在不同电压等级线路中，同类参数的标幺值是基本一致的。

例如：各种不同电压等级，每百千米线路的参数标幺值约为：$X_1^* = 0.105$；$C_0^* = 0.07$；$C_{\text{ph}}^* = 0.014$。

输电线路的零序电抗一般是正序电抗的一定倍数，如下所示：

对没有架空地线的单回线：$X_0 = 3.5X_1$；

对没有架空地线的双回线：$X_0 = 5.5X_1$；

对具有架空地线的双回线：$X_0 = 3.0X_1$。

此外输电线路的电阻、电抗之比 $R_1/X_1$ 也是很重要的。在 220～500kV 线路中，这个比值约在 5%～20%的范围内。

在模型系统中，只要确定了模拟线路的容量基值和电压基值，就可以计算出模拟阻抗和原型阻抗的比值，从而计算出模型的实际参数。

现以模拟 220kV 输电线路每 100km 的线路模型为例，来计算模型的实际参数。已知原型 220kV，采用 $AC_0 - 2 \times 330\text{mm}^2$ 的分裂导线。线间距 $D = 9\text{m}$ 的具体参数如下：$C_{\text{ph}} = 0.0013\mu\text{F/km}$；$C_0 = 0.007\,5\mu\text{F/km}$。

由于这条导线是模拟输电线路，原型机组单机容量为 200MW，根据发电机模拟条件，

决定选模拟基准功率为 5kW，模拟电压为 800V，计算如下。

原型线路参数为 $X_x = 0.41\Omega/\text{km}$；$R_x = 0.088\Omega/\text{km}$。

每相等值对地电容为 $C_Z = C_0 + 3C_{ph} = 0.0114\mu\text{F/km}$。

计算得

$$m_p = \frac{200\,000}{5} = 40\,000, \quad m_u = \frac{220}{0.8} = 275$$

阻抗模拟比为

$$m_z = \frac{m_u^2}{m_p} = \frac{275^2}{40 \times 10^3} = 1.89$$

即

$$m_z = \frac{Z_x}{Z_m} = 1.89, \quad Z_m = Z_x / 1.89$$

所以，100km 的线路模型参数为

$$X = \frac{0.41 \times 100}{1.89} = 21.7\,(\Omega)$$

$$R = \frac{0.078 \times 100}{1.89} = 4.13\,(\Omega)$$

$$C = 1.89 \times 0.0114 \times 100 = 2.16\,(\mu\text{F})$$

由此得模型线路的 π 形参数：$R = 4.13\Omega$；$X = 21.7\Omega$。

## 2.6　负　荷　的　模　拟

电力系统负荷特性不仅由静态规律所决定，同时还与许多动态和随机因素密切联系。电力系统负荷包括异步电动机、同步电动机、整流负荷、照明和电热负荷等，各类负荷本身又包含不同特性。影响负荷特性的因素很复杂，所以，负荷模拟只能采用近似模拟的方法，其近似物理模拟条件为：

（1）模型与原型负荷等值电动机的负荷静态特性标幺值相等；

（2）模型与原型负荷等值电动机的惯性常数相等；

（3）模型与原型负荷等值电动机轴上阻力机械特性相等；

（4）模型负荷电动机的定子和转子阻抗标幺值与原型等值或接近；

（5）负荷电动机供电网变压器阻抗标幺值与原型一致；

（6）负荷模型的各类负荷比例相一致。

### 2.6.1　负荷的特性

1. 异步电动机负荷的电压特性

根据电动机原理，异步电动机可以用图 2-11 所示的等值电路表示。

根据等值电路，可以写出异步电动机的功率方程式，即

$$P = \frac{U^2 \frac{R_2'}{s}}{\left(R_1 + c\frac{R_2'}{s}\right)^2 + (x_1 + cx_2')^2} \tag{2-14}$$

式中：$c = 1 + \dfrac{x_1}{x_0}$。

如果忽略定子和励磁回路的功率损耗，可以得到功率的简化表达式为

$$P = \frac{R_2' U^2}{\left(\dfrac{R_2'}{s}\right)^2 + x_s^2} = \frac{s^2 R_2' U^2}{R_2'^2 + s^2 x_s^2} \tag{2-15}$$

式中：$x_s = x_1 + x_2'$。

与式（2-15）相应的简化等值电路如图 2-12 所示。图 2-13 给出了异步电动机的转矩特性曲线，可见，当负荷力矩恒定时，电压 $U$ 降低将引起转差率 $s$ 的增大，一直到达临界值。

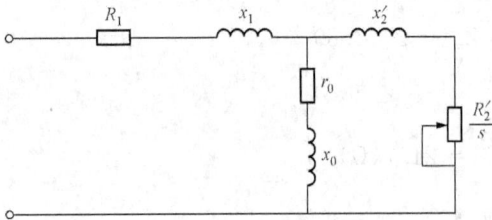

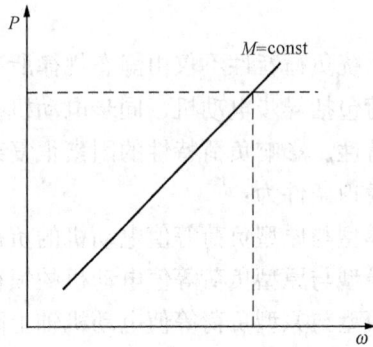

图 2-11　异步电动机等值电路图　　　　图 2-12　异步电动机的简化等值电路图

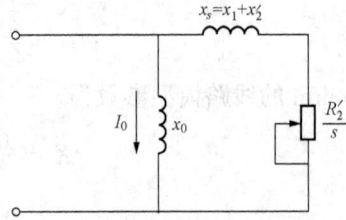

**2. 异步电动机负荷的频率特性**

当电动机轴上的阻力矩为恒定时，所消耗的有功功率正比于电源的频率。即 $P = M\omega$，如图 2-14 所示。

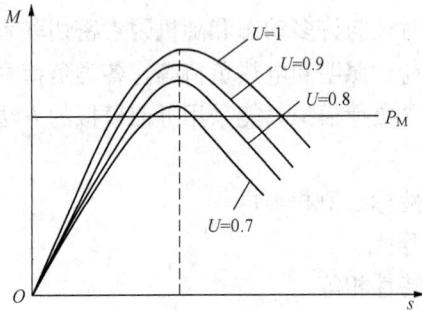

图 2-13　异步电动机的转矩特性曲线　　　图 2-14　阻力矩恒定时异步电动机负荷
　　　　　　　　　　　　　　　　　　　　　　　　有功功率与频率的关系

对于异步电动机，根据转矩公式为

$$M = \frac{U^2 R^2 s}{[R_2^2 + (x_0 \, \omega s / \omega_0)^2] \omega} \tag{2-16}$$

可见频率的降低，将引起转差的减小，如图 2-15 所示。

以上单独分析了电压和频率变化的对异步电动机负荷特性的影响。实际上在电力系统中，频率的变化往往伴随着电压的变化。当发电机电磁功率与原动机输出功率不平衡时，就会引起系统频率的变化，这种变化引起负荷有功、无功功率的变化和线路上有功、无功功率损耗的变化，因而电压也将发生变化，一般情况下频率的降低将引起电压的降低。

但是在进行负荷模拟时，只要分别使负荷的电压特性和频率特性与原型相同，就可以满足要求。

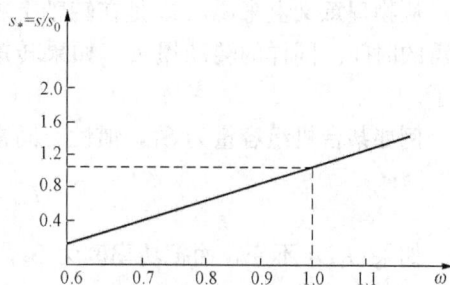

图 2-15 转差与频率的关系

3. 负荷的机械特性

负荷的机械特性是负荷电动机所拖动的机械负荷随转速而变化的特性，这个特性对电动机的起动和运行有很大的影响。当电力系统稳态运行时，原动机力矩与负荷的机械力矩相平衡。系统发生故障时（例如短路）电压一般要降低，故障排除后，电压将要恢复。在这一过程中，电动机开始要产生制动，接着自起动。

工业企业的工作机械一般有以下几种类型：

（1）静力矩为常数的阻力机械，如起重机、冷热轧钢和磨煤机等。

（2）静力矩为转速的函数。它们的特性一般可以表示为

$$M_c^* = M_a^* + (1 - M_a^*)(1 - s)^\alpha \tag{2-17}$$

式中：$M_a^*$ 为机械的静力矩；$\alpha$ 为与机械特性有关的指数，变化范围为 0～2。

当 $\alpha=2$ 时，这类机械大部分是离心力工作的机械，如通风机、离心水泵、离心空气压缩机等。$\alpha=1.5$ 时，主要是各种切削机床工作的机械。$\alpha=0$ 是各种阻力矩为常数的机械。

4. 负荷机组的惯性时间常数

当负荷是旋转机组时，为了满足动态过程相似的条件，要求模型与原型有同样的惯性时间常数，这样才能保证机组在掣动和加速以及其他机电过渡过程中的行为与原型相似。

旋转机组的运动方程式为

$$\Delta M = J \frac{d\omega}{dt} \tag{2-18}$$

以基准值 $M_j = \dfrac{S_j}{\omega_0}$ 除式（2-18）两边得标幺值 $\Delta M^*$，即

$$\Delta M^* = \frac{\Delta M}{M_j} = \frac{J}{S_j} \omega_0 \frac{d\omega}{dt} = \frac{J}{S_j} \omega_0^2 \frac{d\omega^*}{dt} = T_j \frac{d\omega^*}{dt} \tag{2-19}$$

式中：$T_j = \dfrac{J}{S_j} \omega_0^2$。以 $J = \dfrac{GD^2}{4}$ 代入得

$$T_j = \frac{GD^2}{4} \frac{1}{S_j} \left(\frac{2\pi}{50}\right)^2 n_N = 2.74 \frac{GD^2}{S_j} n^2 \times 10^{-3} \, (\text{s}) \tag{2-20}$$

式中：$GD^2$ 为包括电动机及负荷机械的飞轮力矩，N·m；$S_j$ 为电动机组的额定功率，kVA。当 $\Delta M^* = 1$ 时，$t = \int_0^1 dt = \int_0^1 \Delta M^* \, dt = T_j \int_0^1 d\omega^* = T_j$，这就是说加速力矩 $\Delta M^*$ 恒等于 1（p.u.）时，机组转速由零上升到额定转速的时间等于惯性时间常数 $T_j$。

实际上电力系统负荷的惯性时间常数是一个等效值，它是所有负荷机组惯性时间常数的加权平均值。同时，$T_j$ 是随所选基准容量的变化而变化的，这可以从 $T_j$ 的计算公式中看出来，因 $GD^2$ 是机组旋转部分的质量和质量沿转轴分布的函数。机组的结构一经确定，它就是一个不变的数值，但 $T_j$ 则随机组的容量而变。这就是说同样的 $GD^2$，如果机组额定功率改变了，$T_j$ 也随之变化。

从物理意义上来说，$T_j$ 是在转轴上施加的力矩等于额定值时，机组从静止到额定转速所需的时间。同样的转动惯量，如果转矩额定值改变了，则到达额定转速的时间自然就改变了。

例如某台机组容量为 $S_1$，惯性时间常数为 $T_j$ 则

$$T_{j1} = \frac{2.74 G_1 D_1^2 n^2}{S_1} \qquad (2-21)$$

如果 $G_1 D_1^2$ 不变，而把功率改为 $S_2$，则时间常数变为

$$T_{j2} = \frac{2.74 G_1 D_1^2 n^2}{S_2} \qquad (2-22)$$

可见两者的关系为

$$T_{j2} = T_{j1} \frac{S_1}{S_2} \qquad (2-23)$$

这说明同样一台组惯性时间常数随机组的基准功率的改变而改变。

### 2.6.2　负荷的模拟

1. 异步电动机负荷的模拟

异步电动机负荷是电力系统中最重要的负荷，它不仅比重大而且由于它所拖动的阻力机械类型繁多，特性十分复杂。在进行模拟时，首先应考虑异步电动机本身参数和特性的模拟，其次是阻力机械特性的模拟。对异步电动机本身的模拟，应先确定单机容量。由于在进行电力系统模拟时，功率比 $m_p$ 一般根据模型机组的容量与原型机组容量的比例，并考虑到参数的模拟要求预先选定，因此应该按照同样的比例计算出模拟负荷机组的容量，然后再选择容量接近的机组进行模拟。

如果模型的供电电压与电动机的额定电压不同，则应增加模拟降压变压器。如果模型供电网络电压与电动机的额定电压一致，则可以直接与网络相连接。其中降压变压器电抗的数值可以用可变电抗器接入电动机电枢回路中，电抗数值按式（2-24）确定，即

$$X_k = \frac{u_k U_{MN}^2}{W_{MN}} \qquad (2-24)$$

式中：$u_k$ 为原型系统中降压变压器的短路电压百分比；$U_{MN}$ 为模型电动机电源额定电压；$W_{MN}$ 为模型电动机额定功率。

2. 同步电动机负荷的模拟

同步电动机负荷的模拟方法与负荷模拟的方法类似。在进行同步电动机负荷模拟时，先根据同步电动机负荷的比重确定同步电动机的总容量和单机容量。同步电动机的模型与异步电动机的模型一样，其动态特性与原型相似，用并联阻抗的办法使模型与原型同步电动机的标幺电阻值和电抗值相等，并用安装飞轮的方法使机组的机械时间常数相同。

3. 机械阻力特性的模拟

阻力机械的种类很多，要在负荷模型中全面复制各类阻力机械的特性是困难的，也是不必要的，因此，在进行负荷模拟时，只考虑常见的一些阻力机械。

一般的阻力机械特性为

$$M_c = M_a + (1 - M_a)(1 - s)^\alpha \qquad (2-25)$$

式中：$M_a$ 为机械静止时的阻力矩；$\alpha$ 是与机械特性有关的指数，变化范围 $0 \sim 2$。当 $\alpha = 2$ 时，这类机械大部分是离心力工作的机械，如通风机、离心水泵、离心空气压缩机等，当

$\alpha=1.5$ 时，这类机械主要为切削机床工作的机械，当 $\alpha=0$ 时，即阻力矩为常数的阻力机械。$s$ 为转差率。

在模型中，异步电动机的阻力机械均用直流发电机带电阻负荷来模拟。改变直流发电机的励磁或发电机的负荷电阻就可以任意改变发电机的输出功率，也即改变了电动机轴上的阻力矩，如利用同轴上的测速机进行速度反馈，调节发电机的励磁就可以模拟与之有关的阻力机械特性。

## 2.7　无穷大系统模拟

无穷大系统的内阻抗应该为零，但实际上，当系统的容量比发电机的容量大 10 倍以上时，系统的电压、频率不再受发电机的影响，就可以认为系统相对发电机是个无穷大系统。实验室无穷大系统是由一台调压器和一台升压变压器组成。调压器用来改变系统电压，升压变压器起到与实际电网隔离的作用。在建立模拟系统时，实验室无穷大系统的内阻抗值应归算到模拟系统中。

# 第3章　电力系统物理模拟实验

电力系统的物理模拟实验就是常说的动模实验。电力系统动模实验是用小型设备和模型装置来模拟简化了的电力系统，用来对电力系统的各种运行情况（包括稳态和暂态过程）进行实验分析和研究。

在动模上进行各种实验时，必须对各种参数进行测量。测量结果的准确与否，直接影响实验的质量，不准确的测量结果会导致错误的结论。因此，在做动模实验时，必须对测量的准确度予以高度的重视才能保证获得良好的结果。

## 3.1　物理模拟实验的测量与控制

动模实验中的测量，主要是对各种电气参数，如电压、电流、频率、有功、无功和相角等。根据电力系统的运行情况，测量又可分为稳态和暂态两种情况下的测量。稳态运行情况下，可以采用各种仪表进行测量。暂态情况必须用各种录波装置进行录波，把各种参量在过渡过程中的变化情况拍成照片后，再进行加工分析。

动模实验既然利用比原型电力系统中设备容量小很多、电压低得多的模型设备进行实验，原型电厂或机组的运行功率 $P_Y$ 与模型机组的运行功率 $P_M$ 之比可达几万倍，原型系统的额定电压 $U_Y$ 与模型系统额定电压 $U_M$ 之比可以是几百倍。那么，动模实验所用测量设备的功率消耗折算到原型系统时，将是不小的负荷。因此进行动模实验时，对所用测量设备的功耗必须有所考虑。

同时，动模实验中测量回路的负荷，一方面影响测量的准确度，另一方面这些测量回路的负荷阻抗折算到主电路中时，可能对主电路中有些阻抗数值和阻抗角带来影响，使得模型系统的运行情况和原型系统的真实运行情况之间出现较大的差异，引起较大的模拟误差，严重时可能影响模型系统的运行。因此，在动模实验中对测量回路的负荷阻抗必须特别重视。

为了使模型系统能够近似地模拟原型系统中所有的运行操作情况，一般在模型回路中用接触器来模拟原形电路中的断路器，并应使之可以自动地切断和重合，而故障点则是事先设置临时投入使用的。

动模实验既然是在构成与原型系统相似的模型网络之后才进行的，动模实验用的模型网络以及设备和装置的性能参数应能方便、灵活地随着实验目的和模拟对象的改变而变化。因此，动模的设备和装置之间不能做成固定的连接，而应做到可以方便、灵活地进行改接。

### 3.1.1　测量用互感器

在动模实验中对模型系统运行参数的测量，一般也和原型系统一样，采用互感器这一中间环节来进行。这主要是为了使测量仪表的规格统一（如 1A、5A、100V、57V 等），也便于仪表及实验设备的连接，还可以使测量回路与模型系统隔离以减少相互影响，另外也便于电流或电压的组合等。

互感器是一种电气设备，而且是一种铁磁设备。互感器接入模型系统以后，必然对模型系统造成影响，主要是影响模型系统的参数。比如电流互感器二次侧电路的阻抗稍大（由于连接的仪表过多，或使用的连接电缆太长，或线芯太小等），实际不是二次侧短路运行，因而在一次侧造成了一个不小的压降，这也就相当于在被测的一次回路内接入了一个不小的电阻，因此影响了一次回路的运行参数，导致测量误差。对于电压互感器，如果容量选得过大，就相当于一组小的模拟变压器，也会对模型系统参数造成影响。因此，互感器的选择和使用，除了要考虑准确度等级和容许的负荷外，还应考虑其对电路的影响。

由于互感器是铁磁设备，对暂态变化情况的测量，可能出现畸变失真，所以对频率范围有较严格的限制，在设计制造中都应加以考虑，以满足各种实验要求的需要。此外，如电流互感器电流比改变的需要、饱和倍数的需要，电压互感器变比改变的需要等都应加以考虑。

电流互感器主要有三种形式，即：二次侧额定电流为 5A 的、1A 的、可接 5A 也可接 1A 的。对于特殊要求的线路、变压器和发电机的测量和保护用 TA，一般可以采用饱和倍数为 100 的互感器，以满足特殊实验的要求。电流互感器的一次侧是根据一次设备容量的大小进行配置，并可适当改变变比。电压互感器二次侧一般使用 100V 或 57V，一次侧采用多抽头接线方式，以适应系统模拟电压的改变。电压互感器出线端子接线图如图 3-1 所示。

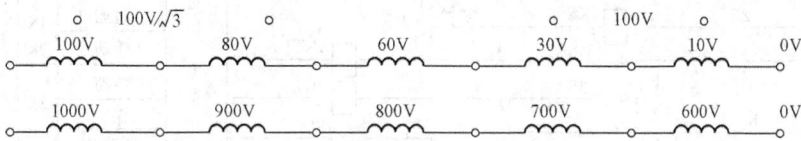

图 3-1　电压互感器出线端子接线图

### 3.1.2　测量仪器仪表

实验室主控制室仪表盘是用来监视模拟系统各点的电流、电压、功率的大小和变化的。一般电流表为 5A 或 1A，电压表为 100V，由模拟电流、电压互感器提供，也有的仪表是由微机电量变送器提供的。这些仪表的读数一般不作为实验数据的诊断依据，只作为系统运行时的操作监视，如实验时需要表计来测量数据，则应在精密测量台上接入 0.5 级的精密测量仪表。

为了方便录取系统或发电机的 $P$、$Q$、$U$、$I$ 等各量，实验室在测量台和控制屏内装有各种变送器和微机电量变送器，可方便地接入精密仪表、录波器、示波器及各种检测仪器仪表。在精测台内都装有模拟系统电压与电流互感器的二次侧输出量，可供各实验装置接入模拟量时使用。

### 3.1.3　系统的操作与控制

在完成电力系统模型的建模后，应做好开机实验前的准备，熟悉模型一次系统和测量系统的连接方式，严格按操作步骤进行系统实验操作。机组操作控制图如图 3-2 所示。系统实验前应接好所需的测量仪表和录波器，并做好对故障波形的拍摄、提取和分析。

1. 发电机和系统实验的操作

发电机和系统实验的操作步骤如下。

（1）检查模型系统的接线是否正确，设备是否良好。

（2）合上系统操作电源、动力电源和电流电源。

（3）检查原动机励磁绕组的电流是否正常。

（4）合上扩大机开关 3SA，起动直流发电机运行。

```
+24V                                                    −24V
 QK                                                      
   1SA                                          1KC        电源及隔离开关
   1K   2K              3SA                      3KC        熔断器
              3K        2KV                      KVI        1K  2K
   4SA        JBJ                                4KG        3K          合
   2H5                                                      起励         闸
   4SA                                           4KT        手动  4K
   KCO                                                      自动  合
   1KV      2KS                                  KCO        手动  4K
   3K       SLJ                                  1R         保护  跳      跳
   4K         1K                                 KT         过压        闸     保
   KT       3KS                                  2R         失励磁       护
   ZS       1KS          VD                                 过速  1K
   4K          1SA                               1KT        手动  2K    跳
   KCO         3SA                               3KT        手动        闸
                                                 FM         保护  3K
              至05                               HD         原动机
   1K                                            LD         模拟灯  1K   位
   3K                                            HD         合闸        置
   3K                                            LD         跳闸        信
   4K                                            DM         合闸  3K    号
   4K                                            KP         跳闸
                                                            合闸  4K
                                                            跳闸
                                                            电源监视
```

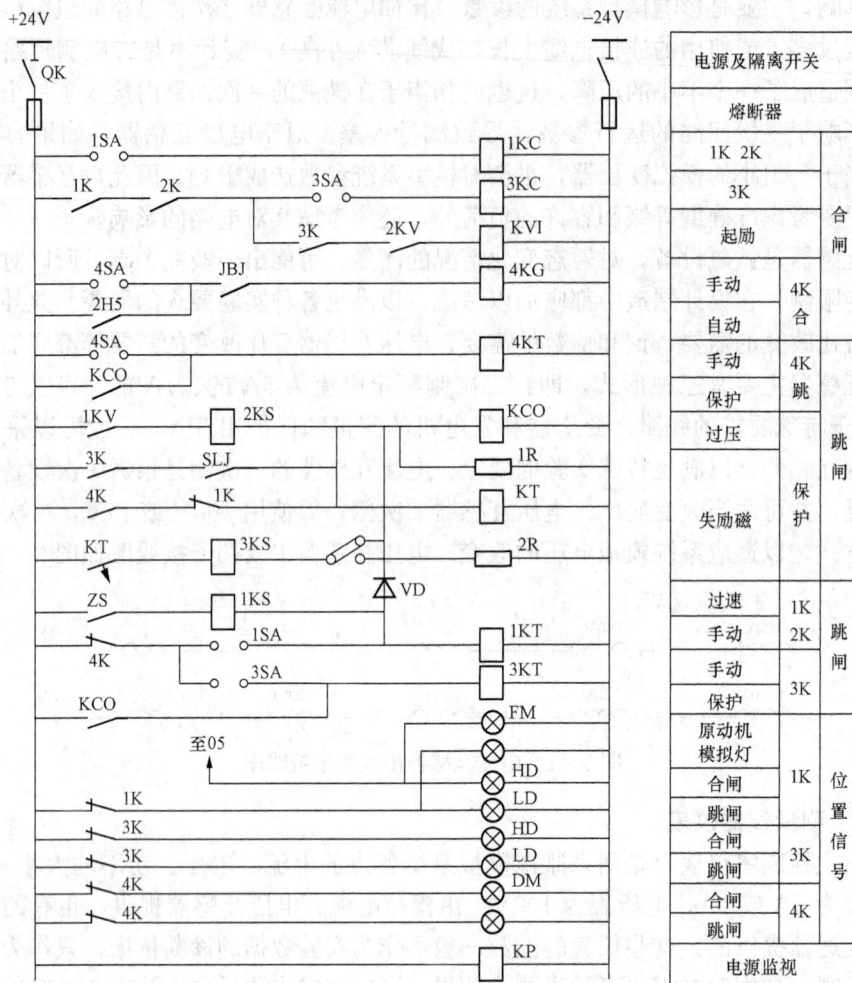

图 3-2　发电机操作控制图

（5）合上直流发电机开关 4SA，起动直流发电机运行。

（6）检查发电机的励磁电阻是否在最大位置，然后合上原动机开关 1SA，起动发电机组运转，并缓慢加大扩大机励磁，将发电机的速度升到额定转速。

（7）合上励磁开关 5SA，发电机转子加电压，调节励磁电阻，将发电机电压升到额定值。

（8）检查机组各设备运行正常，无异常现象，则发电机处于和系统并列的状态。

（9）合上无穷大电源隔离开关和开关，向无穷大主变压器送电。

（10）打开无穷大同期开关，合上无穷大高压开关。

（11）合上输电线路高压开关，无穷大系统向高压输电线路供电，同时发电机高压开关两侧带电，可以进行周期并车。

（12）打开发电机同期开关，此时应注意观察该装置指示开关两侧的电压、频率是否相同；如果不相同，应调整发电机的电压或速度，达到电压、频率相同时为止。

（13）观察同期装置，选择最佳的合闸角位置，同时合上发电机高压开关 1SA，完成发电机和系统的并列。

（14）调整发电机的有功、无功负荷到需要值，并观察发电机功角的变化情况（日光灯观察法）。

（15）进行系统不同故障的模拟实验，观察系统电压、电流和功率的变化情况。同时记录故障波形图，分析故障对系统各量的暂态影响。

2. 实验完成后的停机

实验完成后的停机操作步骤如下。

（1）将发电机的有功、无功负荷减少到零，然后拉开发电机高压开关，与系统解列。

（2）断开高压线路开关，断开无穷大电源的高、低压侧开关。

（3）调节发电机的励磁，将发电机电压降到最低，然后断开励磁回路励磁开关 5KT。

（4）将发电机转速降到最低，然后断开原动机开关，发电机停止运行。

（5）断开直流发电机开关、扩大机开关及负电阻机开关。

（6）切断动力电源、直流电源、操作电源各开关。

3. 晶闸管电源的控制操作

晶闸管电源控制的机组起停操作步骤如下。

（1）检查一次、二次设备接线是否正确，设备是否良好。

（2）合上系统操作电源、动力电源、直流电源。

（3）合上 24V 直流操作、信号电源，检查各设备位置信号是否良好正确。

（4）合上原动机开关 1SA，调节晶闸管的给定电位器，原动机升速，将发电机转速升到额定值。

（5）合上发电机励磁开关 3SA，晶闸管励磁自动升压，如发电机电压不到额定值，应调节励磁使发电机电压达到额定值。

（6）合上无穷大电源开关，将同期开关放在无压操作位置，合上选择按钮，同时合上无穷大电源的高压开关，然后返回选择按钮。

（7）合上高压线路开关，此时发电机高压开关两侧带电。

（8）将同期开关放在准同期位置，合上发电机同期选择开关，此时同期装置工作。调整发电机电压、转速与系统一致，选择最佳合闸角，合上发电机高压开关 4SA，发电机与系统并列。

（9）如果用自同期装置则同期开关应在自同期位置，自同期装置将会自动调频，自动合上发电机开关 4SA 使之与系统并列。

（10）将发电机有功、无功负荷调节到需要值，利用日光观察发电机运行的功角。

（11）发电机运行正常，即可做系统故障实验。

（12）作好实验记录，录取实验波形。

4. 发电机停止运行的操作

发电机停止运行的操作步骤如下。

（1）将发电机有功、无功负荷调到零。

（2）断开发电机高压开关 4SA。

（3）断开发电机励磁开关 3SA。

（4）将发电机转速降到最小，然后断开原动机开关 1SA。

（5）断开线路开关，无穷大系统开关。

（6）实验完成后，应断开直流操作及信号电源开关，系统操作电源开关和动力电源开关。

（7）实验结束后应整理记录，写出实验报告，并总结综合实验全过程的收获体会。

## 3.2　模拟系统元件的电气特性实验

### 3.2.1　同步机的电气特性实验

1. 同步发电机的空载、短路特性实验

（1）同步发电机的空载特性实验。

实验目的：掌握同步发电机空载特性曲线的测取方法，学会利用空载特性曲线求同步发电机的励磁电抗 $X_m$。

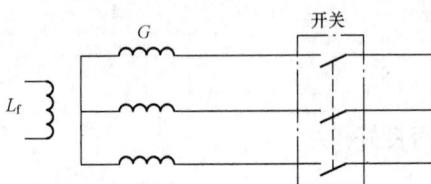

图 3 - 3　发电机空载实验接线图

同步发电机的空载实验接线如图 3 - 3 所示。在测取同步发电机的空载特性曲线时，为防止磁滞现象的影响，实验过程中只能单方向调节励磁电流，中途不能来回调节励磁电流 $I_e$。

实验过程：

先合图 3 - 3 中的开关（起测量点的作用，在模拟屏上接线），然后使原动机开关"合"，开机开关"投"，将发电机拖动到同步转速，并在实验过程中保持不变。在励磁绕组中通入励磁电流，手动增加励磁电流（控制台上"增磁"按钮），使发电机的电动势 $E_0$ 达到 1.3 倍的额定电压后，再减小励磁电流至零（控制台上"减磁"按钮）。在调节过程中不断记录发电机电动势和励磁电流的变化数值（记录在发电机遥测表中），并绘制出空载特性曲线的下降分支。该实验通常测取 7～9 组读数，建议测点作如下分布：130％$U_N$、120％$U_N$、110％$U_N$、100％$U_N$、95％$U_N$、85％$U_N$、70％$U_N$、50％$U_N$，最后测取励磁电流为零时的剩磁电压。每一测点均应在维持转速及励磁电流不变的情况下进行，将所有实验数据记在表 3 - 1 中。

表 3 - 1　　　　　　　　　同步发电机空载实验数据记录表

| 测量参数 | 1 | 2 | 3 | 4 | 5 | 6 | 7 | 8 |
|---|---|---|---|---|---|---|---|---|
| $E_0$（V） | | | | | | | | |
| $I_e$（A） | | | | | | | | |

（2）同步发电机的短路特性实验。

实验目的：掌握同步发电机短路特性曲线的测取方法，学会利用短路特性曲线求同步发电机短路比 $K_c$ 及同步电抗 $X_d$。

同步发电机的短路实验接线如图 3 - 4 所示。

先合图 3 - 4 中的开关，然后将发电机转速调到额定值并保持不变，手动增加发电机励磁电流 $I_e$，使电枢回路短路电流 $I_k$ 达到 1.25 倍的额定电流后，再减小励磁电流至零。在调节中不断地记录

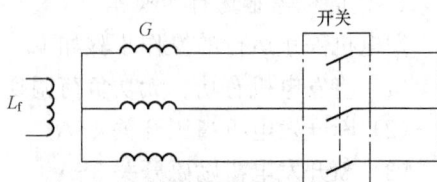

图 3 - 4　同步发电机短路实验接线图

发电机电枢回路电流及励磁电流的值。短路实验常测取 3～5 组数据，且应测取 $I_k$ 为额定电流时励磁电流的大小，将实验数据记录在表 3 - 2 中。

表 3 - 2　　　　　　　　　　　同步发电机短路实验数据记录表

| 测 量 参 数 | 1 | 2 | 3 | 4 | 5 |
|---|---|---|---|---|---|
| $I_k$（A） | | | | | |
| $I_e$（A） | | | | | |

根据表 3 - 1、表 3 - 2 的记录数据，作出同步发电机的空载特性曲线和短路特性曲线。进一步由同步发电机的空载-短路特性曲线确定发电机的直轴同步电抗 $X_d$（不饱和值或饱和值）和短路比 $k_c$。

2. 同步发电机的零功率因数负荷特性实验

实验目的：掌握三相同步发电机零功率因数负荷特性的运行特点和测量方法。

实验接线：按图 3 - 5 接线，该实验中同步发电机作并网运行。

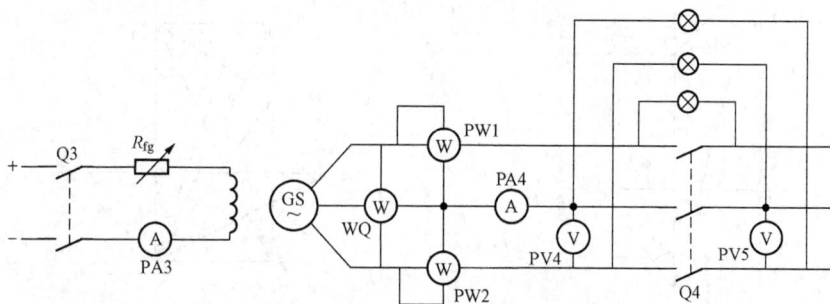

图 3 - 5　同步发电机与电网并联运行实验接线图

实验内容和步骤如下。

调节原动机使发电机的有功功率为零，调节励磁使同步发电机发出的无功电流达到 $I_N$，记录此时发电机的端电压及励磁电流 $I_e$ 的值，此组数据即为零功率因素负荷特性上 $U = U_N$ 的点。

为了求取零功率因数负荷特性的另一个关键点，可让发电机作稳态短路实验，参阅同步发电机空载、短路特性实验有关内容。在稳态短路实验中，测取 $I_k = I_N$ 时所对应的励磁电流 $I_{ek}$，则 $I_e = I_{ek}$、$U = 0$ 即为零功率因数负荷特性上的另一个关键点。通常此关键点和空载特性曲线，利用零功率因数特性和空载特性之间相差的特性三角形，可用绘图的方法求取零功率因数特性曲线，如图 3 - 6 所示。

3. 同步发电机 V 形曲线测定实验

实验目的：通过发电机 V 形曲线的测量，熟悉在一定有功功率下，调节励磁电流时定子电流变化的规律。

实验接线：按图 3 - 5 接线，同步发电机作并网

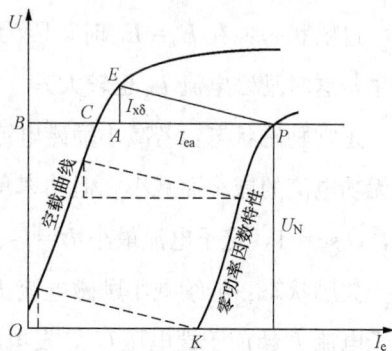

图 3 - 6　空载曲线、零功率因数特性曲线及特性三角形关系

运行。

实验原理简述如下。

在同步发电机端电压 $U_t$ 恒定不变，并忽略电枢电阻 $R_a$ 时，发电机的电磁功率为

$$P_e = \frac{E_q U_t}{X_t} \sin\delta \tag{3-1}$$

而发电机输出的功率为

$$P = U_t I \cos\varphi \tag{3-2}$$

在稳态情况下 $P_e = P$，又因为 $P$、$U_t$ 恒定，即 $I\cos\varphi =$ 常数。所以 $\frac{E_q}{X_t}\sin\delta = I\cos\varphi =$ 常数。

定子电流的变化轨迹如图 3-7 所示。

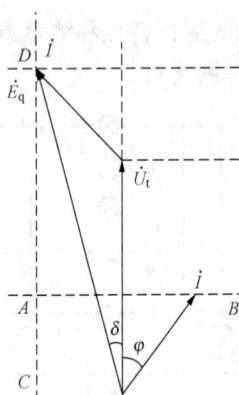

图 3-7 定子电流
的变化轨迹

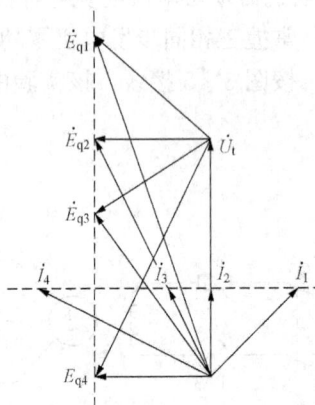

图 3-8 同步发电机四种运行状态

由图 3-7 可见，由于 $I\cos\varphi =$ 常数，定子电流 $\dot{I}$ 的相量的变化轨迹是一条与电压相量 $\dot{U}_t$ 垂直的水平线 $AB$，又因 $E_q \sin\delta = IX_t \cos\varphi =$ 常数，故相量 $\dot{E}_q$ 末端的变化轨迹为一条与电压相量 $\dot{U}_t$ 平行的直线 $CD$。

同步发电机的四种运行状态，如图 3-8 所示，分析如下。

过励状态：在 $E_q = E_{q1}$ 时，因为其值较高，定子电流 $\dot{I}_1$ 滞后于端电压，输出滞后无功功率，这时励磁电流 $\dot{I}_e$ 也较大。

正常励磁状态：若减小励磁电流 $\dot{I}_e$，则 $\dot{E}_q$ 跟着减小，那么发电机的定子电流 $\dot{I}_1$ 将随着无功电流的减小而减小。但功率角 $\delta$ 和功率因数 $\cos\varphi$ 却增加。当励磁电动势 $\dot{E}_q$ 减至 $\dot{E}_{q2}$ 时，$\cos\varphi = 1$，定子电流最小 $\dot{I} = \dot{I}_2$。

欠励状态：继续减小励磁电流 $\dot{I}_e$，定子电流 $\dot{I}$ 又开始增大，从 $\dot{E}_q = \dot{E}_{q3}$，$\dot{I} = \dot{I}_3$ 开始，定子电流 $\dot{I}$ 超前于端电压 $\dot{U}_t$，发电机开始向系统输出超前的无功功率。发电机依靠助磁的电枢反应来保持气隙磁场的恒定，以满足 $\dot{U}_t$ 为常数的要求。

极限状态：进一步减小励磁电流 $\dot{I}_e$，电动势更加减小，并且功率角 $\delta$ 和超前功率因数

角 $\varphi$ 也将继续增大，使定子电流 $I$ 值更大，但是，这种变化是有限度的。当 $\dot{E}_q = \dot{E}_{q4}$，$\delta =$ 90°时，发电机已达到稳定运行的极限，进一步减小励磁电流已不能使发电机稳定运行。

根据以上分析，可看出在发电机输出功率不变时，改变励磁电流 $I_e$ 将引起电机无功电流的改变，随之定子电流 $I$ 也将改变。当处于正常励磁时，定子电流 $I$ 数值最小，这时若再增大或减小励磁电流 $I_e$ 都将使定子电流 $I$ 增大。我们可以用实验的方法，在保持电网电压和发电机输出有功功率不变的条件下，改变励磁电流 $I_e$，测定对应的定子电流 $I$，从而得到二者的关系曲线 $I = f(I_e)$。由于这条曲线形状和英文字母 V 很相像，所以称为发电机的 V 形曲线，如图 3-9 所示。每个有功功率值都可以作出一条 V 形曲线，功率值越大，曲线

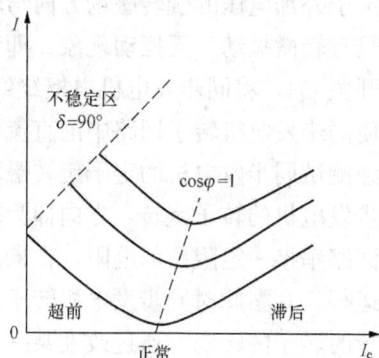

图 3-9 V 形曲线

越往上移，其最低点表示 $\cos\varphi = 1$，该点的定子电流 $I$ 最小，全为有功分量，即正常励磁。将各曲线最低点连接起来得到一条 $\cos\varphi = 1$ 的曲线，其励磁电流 $I_e$ 增大侧，发电机处于过励状态，功率因数是滞后的，发电机向电网输送滞后无功；其励磁电流 $I_e$ 减小侧，发电机处于欠励状态，功率因数是超前的，发电机从电网吸收滞后无功。由图 3-9 可看到，V 形曲线有一个不稳定区（对应于 $\delta > 90°$）。由于欠励区域更靠近不稳定区，所以发电机一般不宜在欠励的情况下运行。

实验过程：调节系统、发电机电压为 800V，分别作不同功率下的六条曲线，分别是额定功率的 5/4、4/4、3/4、2/4、1/4 及零。

首先调整励磁电流使定子电流 $I$ 增加到额定值，然后逐渐减小励磁电流 $I_e$，直至发电机失去稳定前一点为止，在该过程中记录励磁电流 $I_e$ 及所对应的定子电流和无功功率值。欠励不可太多，以防发电机失步。若出现失步，应快速增加发电机励磁电流以牵入同步，同时注意定子电流不应超过其额定值。

4. 同步发电机的参数测定实验

（1）用低转差法测定发电机的同步电抗 $X_d$ 和 $X_q$。低转差法测定发电机的同步电抗的实验原理接线图如图 3-11 所示。

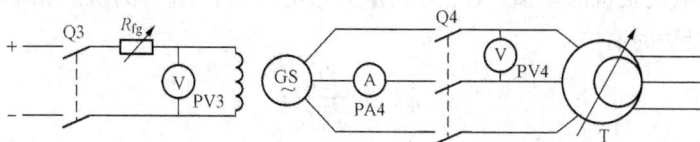

图 3-10 低转差法测定同步电抗实验原理接线图

图 3-10 中，接在发电机转子绕组回路中的电压表（即 PV3）是零点位于中间的直流电压表。实验过程中，转子绕组开路，即开关 Q3 断开。

按图接好线后，发电机负荷开关 Q4 处于断开位置，先合上开关 Q3，按同步发电机空载实验中所述方法起动直流电动机 M，调节转速至接近同步转速，调节三相自耦变压器 T

使其输出一个很低的电压（由电压表 PV4 测量），约为（5%～15%）$U_N$，然后合上开关 Q4。若接在同步发电机转子回路中的直流电压表（即 PV3）指针作周期性缓慢摆动，说明其定子外加电压的旋转磁场方向与转子转向是一致的；若同步发电机转子回路直流电压表指针只有轻微振动、无摆动现象，即表明其定子旋转磁场转向与转子转向不一致，这时应先断开开关 Q4，将同步发电机电枢绕组引出端任意两相导线互相换接，然后再合上开关 Q4 即可使同步发电机转子回路中的直流电压表指针作周期性缓慢摆动。在有条件的情况下，也可单独测试同步发电机的定子旋转磁场和转子转向以检查其是否一致。即直流电动机单独拖动同步发电机的转子旋转，方向即为转子的转向，待直流电动机退出运行停机后，在发电机转子回路串接一定阻值的电阻，在同步发电机的定子上加入三相低电压，让同步发电机作电动机运行，观察此时同步发电机转子的旋转方向即为定子旋转磁场的旋转方向。比较两次单独运行时转子的转向，通过改变某一次的转向可使发电机定子旋转磁场和转子转向一致。

调节直流电动机 M 使其转速接近同步发电机的额定转速，在同步发电机电枢回路加入额定频率的三相低电压后，可观察到同步发电机电枢回路电压表、电流表指针作缓慢摆动，在同一瞬间读取电枢电流（由电流表 PA4 测量）周期性摆动的最小值与相应的电压最大值（由电压表 PV4 测量），以及电流周期性摆动的最大值与相应的电压最小值。将实验数据记录在表 3 - 3 中。

**表 3 - 3**　　　　　　　　　　　　　　**同步电抗实验数据记录表**

| $I_{max}$ (A) | $U_{min}$ (V) | $X_d$ (Ω) | $X_d{}^*$ | $I_{max}$ (A) | $U_{max}$ (A) | $X_d$ (Ω) | $X_d{}^*$ |
|---|---|---|---|---|---|---|---|
|  |  |  |  |  |  |  |  |

**注**　带"＊"的参数为对应参数的标幺值。

实验过程中应注意外加在同步发电机电枢上的三相低电压在给定的范围内。因为电压加得太高会因磁阻转矩的作用将发电机牵入同步；电压加得太低，会因剩磁电压的影响产生较大误差。

实验完成后，用式（3 - 3）、式（3 - 4）可计算出直轴和交轴同步电抗的大小及标幺值。

$$X_d = \frac{U_{phmax}}{I_{phmin}} \quad X_d^* = \frac{X_d}{Z_N} \tag{3 - 3}$$

$$X_q = \frac{U_{phmin}}{I_{phmax}} \quad X_q^* = \frac{X_q}{Z_N} \tag{3 - 4}$$

式中：$Z_N$ 为同步电机阻抗的基值；$U_{ph}$ 为测量的相电压值；$I_{ph}$ 为测量的相电流值。当发电机定子绕值为星形接法时有

$$Z_N = \frac{U_N}{\sqrt{3}I_N} \tag{3 - 5}$$

式中：$U_N$ 为额定线电压；$I_N$ 为额定线电流。

（2）用反同步旋转法测量负序电抗 $X_2$。同步发电机的负序电抗测量实验原理接线图如图 3 - 11 所示。

按图 3 - 11 接好线后，先按在低转差法测定同步电抗 $X_d$ 和 $X_q$，实验中介绍的方法分别测试直流电动机单独运行时的转子转向及单独的同步发电机定子侧外加三相低电压时发电机转子的转向，要求这两个转向不一致。

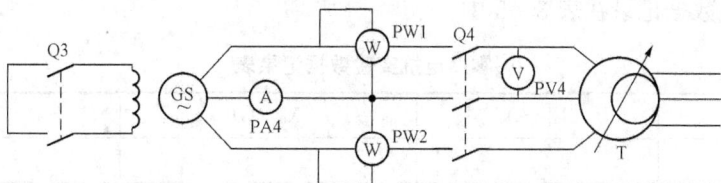

图 3-11　负序电抗测量实验原理接线图

在确定好转向后，在电动机静止状态下将同步发电机转子绕组短路，即合上开关 Q3。再按同步发电机空载实验中所述方法起动直流电动机 M，并将其转速调至同步发电机的额定转速，将三相自耦变压器 T 的输出先调到最小位置，合上开关 Q4，给同步发电机电枢绕组加入产生反向旋转磁场的三相低电压，调节三相自耦变压器，使同步发电机电枢端电压（由电压表 PV4 测量）从零（或较低值）缓慢上升，直到电枢电流（由电流表 PA4 测量）达到（30%～40%）$I_N$，读取此时电枢绕组相电压、相电流和两个功率表（即 PW1 和 PW2）的读数。将实验数据记录在表 3-4 中。

**表 3-4**　　　　　　　　　　　负序电抗测量实验数据记录表

| $U_{ph}$ (V) | $I_{ph}$ (A) | $P_1$ (W) | $P_2$ (W) | $P$ (W) | $Z_2$ (Ω) | $r_2$ (Ω) | $X_2$ (Ω) |
|---|---|---|---|---|---|---|---|
| | | | | | | | |

表中：$P_1$、$P_2$ 为功率表 PW1 和 PW2 所测量的功率值，且有 $P=P_1+P_2$。

实验完成后，负序阻抗 $Z_2$、负序电阻 $R_2$ 和负序电抗 $X_2$ 及其标幺值的计算由式（3-6）～式（3-8），即

$$Z_2 = \frac{U_{ph}}{I_{ph}} \quad Z_2^* = \frac{Z_2}{Z_N} \tag{3-6}$$

$$R_2 = \frac{P}{3I_{ph}^2} \quad R_2^* = \frac{R_2}{Z_N} \tag{3-7}$$

$$X_2 = \sqrt{Z_2^2 - R_2^2} \quad X_2^* = \frac{X_2}{Z_N} \tag{3-8}$$

式中：$Z_N$ 为同步电机阻抗的基值；$U_{ph}$ 为测量的相电压值；$I_{ph}$ 为测量的相电流值。

（3）同步发电机零序电抗 $X_0$ 的测定。实验接线基本上与前面介绍的负序电抗测量实验原理接线一样，只是此时应将同步发电机的定子三相绕组 PA4 如图 3-12 所示进行改接。

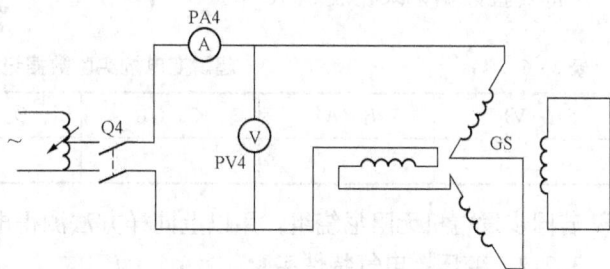

图 3-12　零序电抗 $X_0$ 测量实验原理接线图

将同步发电机转子绕组短路，将其电枢三相绕组串联后经开关 Q4接至单相自耦变压器的输出端。接好线后，先起动直流电动机并将其转速调到同步发电机的额定转速，将单相自耦变压器的输出调至零位置，合上开关 Q4，调节单相自耦变压器，使同步发电机电枢绕组中的电流（由电流表 PA4 测量）达到 30%～40%额定电流，测取此时同步发电机的电枢绕组的电压、电

流数值。将实验数据记录在表 3 - 5 中。

表 3 - 5　　　　　　　　　　　　零序电抗实验数据记录表

| $U_0$ （V） | $I_0$ （A） | $X_0$ （Ω） | $X_0^*$ |
|---|---|---|---|
|  |  |  |  |

实验完成后，零序电抗值 $X_0$ 及其标幺值 $X_0^*$ 按式 (3 - 9) 计算，即

$$X_0 = \frac{U_0}{3I_0} \qquad X_0^* = \frac{X_0}{Z_N} \tag{3 - 9}$$

式中：$Z_N$ 为同步发电机阻抗基值。

(4) 静止法测量超瞬变电抗 $X''_d$、$X''_q$ 或瞬变电抗 $X'_d$、$X'_q$。同步发电机超瞬变电抗或瞬变电抗的测量实验接线图如图 3 - 13 所示。

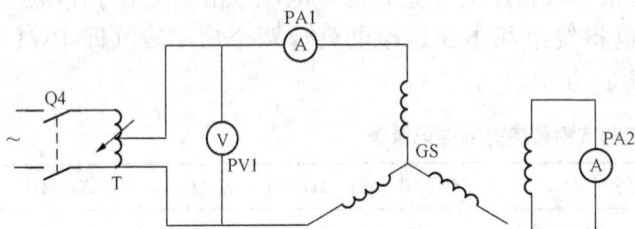

图 3 - 13　超瞬变电抗或瞬变电抗测量实验接线图

按图 3 - 13 接好线后，将单相自耦变压器 T 的输出调至最低位置，合上开关 Q4，给同步发电机电枢绕组施加单相低电压，调节单相自耦变压器 T 的输出，使发电机电枢绕组电流（由电流表 PA1 测量）接近 20%～30% 额定电流。用手慢慢地转动转子，观察电枢电流及励磁绕组感应电流的变化，在找到电枢电流和励磁绕组感应电流为最大值时的转子位置后，读取电枢电压 $U_1$（由电压表 PV1 测量）和电流 $I_1$（由电流表 PA1 测量）的大小，由此可求出直轴超瞬变电抗 $X''_d$，即 $X''_d = \frac{U_1}{2I_1}$，$X''^*_d = \frac{X''_d}{Z_N}$；将转子转动 90° 电角度（4 极发电机为转过 45° 机械角度），在这个位置附近仔细调整同步发电机转子位置，使电枢电流及励磁绕组感应电流为最小，读取此时同步发电机的电枢电压 $U_2$（由电压表 PV1 测量）及电流 $I_2$（由电流表 PA1 测量），由此可计算出交轴超瞬变电抗 $X''_q$，即 $X''_q = \frac{U_2}{2I_2}$，$X''^*_q = \frac{X''_q}{Z_N}$。将实验数据记录在表 3 - 6 中。

表 3 - 6　　　　　　　　　　　　超瞬变电抗实验数据记录表

| $U_1$ （V） | $I_1$ （A） | $X''_d$ （Ω） | $U_2$ （V） | $I_2$ （A） | $X''_q$ （Ω） |
|---|---|---|---|---|---|
|  |  |  |  |  |  |

若同步发电机无阻尼绕组，用以上同样方法测得电抗则为瞬变电抗 $X'_d$、$X'_q$。

### 3.2.2　变压器电气特性实验

1. 变压器空载、短路特性实验

(1) 单相变压器空载实验。单相变压器的空载实验原理接线如图 3 - 14 所示。

变压器空载实验，为了便于实验和安全起见通常在变压器的低压侧进行，一般接法是电源经自耦变压器后接至变压器的低压绕组，高压绕组开路。

在正式实验开始前，先将单相自耦变压器的输出置于最小电压位置，合上开关，调节单

相自耦变压器使输出电压为 1.2 倍变压器低压侧额定电压，记录此变压器空载时的 $U_0$、$I_0$ 和 $P_0$，在 $(1.2 \sim 0.5) U_N$ 范围内，测取 6～8 组数据，同时应注意在 $U_0 = U_N$ 时测取相应的一组数据，并在该点附近多测几组数据，将实验数据记录在表 3 - 7 中。

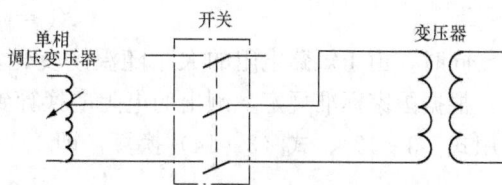

图 3 - 14　单相变压器空载实验接线图

**表 3 - 7**　　　　　　　　　　　　　　单相变压器空载实验数据记录表

| 测量参数 \ 次数 | 1 | 2 | 3 | 4 | 5 | 6 | 7 |
|---|---|---|---|---|---|---|---|
| $U_0$（V） | | | | | | | |
| $I_0$（A） | | | | | | | |
| $P_0$（W） | | | | | | | |

（2）单相变压器短路实验。为了便于测量，变压器的短路实验通常将高压绕组接到电源，低压绕组直接短路。单相变压器短路实验原理接线如图 3 - 15 所示。

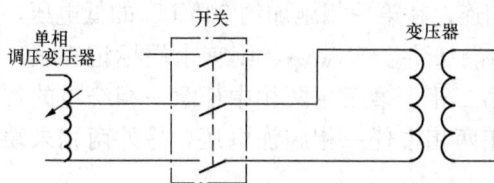

图 3 - 15　单相变压器短路实验接线图

由于电力变压器短路阻抗很小，为了避免过大的短路电流损坏变压器绕组，实验开始前应先将单相自耦变压器置于输出电压最低的位置，然后合上开关，逐渐增加单相自耦变压器的输出电压，使变压器高压绕组中流过的电流达到 $1.1 I_N$，记录此时的功率 $P_k$、电压 $U_k$ 及电流 $I_k$，然后减小单相自耦变压器的输出电压，在变压器高压绕组中流过电流为 $(1.1 \sim 0.5) I_N$ 范围内，测取 4～6 组数据。同时应注意，在 $I_k = I_N$ 时必须测取。短路实验应尽快进行，否则绕组发热将引起绕组电阻增大。实验完成时应同时记录变压器周围的环境温度 $\theta$（℃），以此作为实验时绕组的实际温度。将实验数据记录在表 3 - 8 中。

**表 3 - 8**　　　　　　　　　　　　　　单相变压器短路实验数据记录表

| 测量参数 \ 次数 | 1 | 2 | 3 | 4 | 5 | 6 |
|---|---|---|---|---|---|---|
| $P_k$（W） | | | | | | |
| $U_k$（V） | | | | | | |
| $I_k$（A） | | | | | | |

短路实验外加电压很低，主磁通很小，铁耗和励磁电流均可忽略不计，故短路情况下可采用变压器的简化等效电路。于是，通过测出的 $U_k$、$I_k$、$P_k$ 可计算出变压器的短路参数，即

$$Z_k = \frac{U_k}{I_k} \tag{3 - 10}$$

$$r_k = \frac{P_k}{I_k^2} \tag{3 - 11}$$

$$X_k = \sqrt{Z_k^2 - r_k^2} \tag{3-12}$$

同时，由于短路电阻的大小随温度变化，而实验时的温度和变压器的实际运行情况不同，根据国家标准规定，测出的电阻应换算到工作温度（75℃）时的值。对于铜线绕组变压器用式（3-13）、式（3-14）换算，即

$$r_{k75} = r_{k\theta} \frac{234.5 + 75}{234.5 + \theta} \tag{3-13}$$

$$Z_k = \sqrt{r_{k75}^2 + X_k} \tag{3-14}$$

式中：$\theta$ 为实验时的室温，℃；$r_{k\theta}$ 为 $\theta$ 温度下的短路电阻。

对于铝线绕组变压器，只需将式（3-13）中的 234.5 改为 228 即可。短路实验时电压加在高压侧，因此测出参数为折算到高压侧的数据，若需要低压侧参数，除以 $k^2$（$k$ 为变压器的电压比）。

2. 变压器的联结组别实验

(1) 测定变压器的相间极性。用万用表电阻档测量三相芯式变压器的 12 个出线端之间的通断情况及电阻大小，即能测量出变压器绕组的电阻值，且阻值大的为高压绕组，暂定标记 U1、V1、W1、U2、V2、W2。

按图 3-16 接线，将 V2、W2 两点用导线相连，在第一相施加约 50% $U_N$ 的低电压，用电压表测出电压 $U_{V1W1}$、$U_{V1V2}$ 和 $U_{V1W2}$，若 $U_{V1W1} = U_{V1V2} - U_{W1W2}$，则首末端标记正确；若 $U_{V1W1} = U_{V1V2} + U_{W1W2}$ 则说明标记错误，必须将第二相、第三相两相中任意一相绕组的首末端标记互换。然后用同样方法，将第二相、第三相两相中任一相施加电压，另外两相末端相连，确定另一相首末端，最后做正式标记。

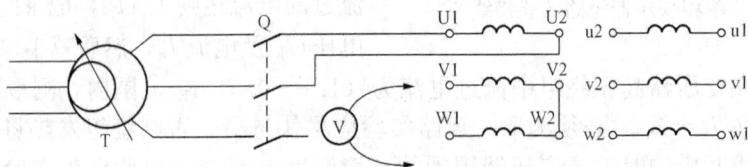

图 3-16　测定相间极性接线图

(2) 测定变压器一次侧、二次侧的极性。暂定变压器低压绕组标记为 u1、v1、w1、u2、v2、w2。按图 3-17 接线，一次侧、二次侧中性点用导线相连，高压三相绕组施加 50% 的额定电压，测出 $U_{U1U2}$、$U_{V1V2}$、$U_{W1W2}$；$U_{u1u2}$、$U_{v1v2}$、$U_{w1w2}$；$U_{U1u1}$、$U_{V1v1}$、$U_{W1w1}$ 电压的值。若 $U_{U1u1} = U_{U1U2} - U_{u1u2}$，则 $U_{U1U2}$ 与 $U_{u1u2}$ 同相，第一相高、低压绕组同柱，且首端 U1 与 u1 点为同极性；若 $U_{U1u1} = U_{U1U2} + U_{u1u2}$ 则 U1 与 u1 为异极性。用同样方法可判别出第二相、第三相两相一次、二次侧极性。测定后，根据国家标准规定，把低压绕组各相首末端作正式标记。

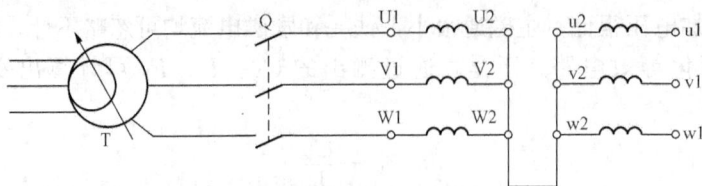

图 3-17　测定一次、二次侧极性接线图

（3）变压器联结组别的校验实验。图 3-18 为 Yy0 联结的变压器的联结组别校验实验的原理性接线图。

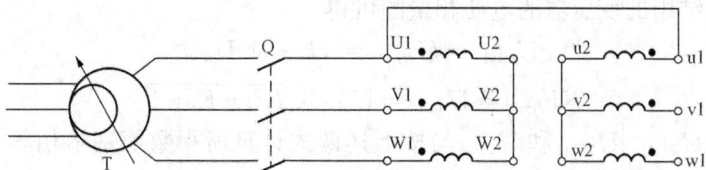

图 3-18　Yy0 联结组别校验实验接线图

按图 3-18 接好线，将 U1、u1 两点用导线连接，先将三相自耦变压器置于输出电压较小的位置，合上开关 Q，然后调节三相自耦变压器的输出电压，使变压器高压侧施加三相对称的额定电压，测取电压 $U_{U1V1}$、$U_{u1V1}$、$U_{V1V1}$、$U_{W1W1}$、$U_{V1W1}$。

根据 Yy0 联结组的变压器的电压相量图可知

$$U_{V1V1} = U_{W1W1} = (K-1)U_{u1V1}$$

$$U_{V1W1} = U_{u1V1}\sqrt{K^2 - K + 1}$$

式中：$K$ 为高、低压绕组的线电压之比，$K = U_{U1V1}/U_{u1V1}$。

若实际测取的电压 $U_{V1V1}$、$U_{W1W1}$ 和 $U_{V1W1}$ 与使用上面公式计算所得数值基本相同，则表示绕组连接正确，属于 Yy0 联结组。

当变压器绕组接到开关 Q 的方式发生变化时，可检验其他联结组的正确与否，图 3-19 给出 Yd11、Yy6 和 Yd5 联结组的实验接线图。

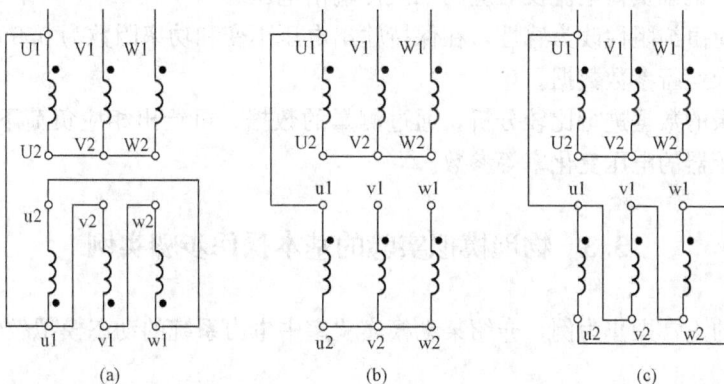

图 3-19　Yd11、Yy6 和 Yd5 联结组的实验接线图
(a) Yd11 联结组；(b) Yy6 联结组；(c) Yd5 联结组

按照 Yy0 联结组的实验校验方法，对其他联结组的校验实验也同样在高压侧施加三相对称的额定电压时，测取 $U_{U1V1}$、$U_{u1V1}$、$U_{V1V1}$、$U_{W1W1}$、$U_{V1W1}$。

根据 Yd11 联结组的变压器的相量图可得

$$U_{V1V1} = U_{W1W1} = U_{u1V1}\sqrt{K^2 - \sqrt{3}K + 1}$$

$$U_{V1W1} = U_{u1V1} = U_{u1V1}\sqrt{K^2 - \sqrt{3}K + 1}$$

若实测电压 $U_{\mathrm{V1v1}}$、$U_{\mathrm{W1w1}}$ 和 $U_{\mathrm{V1w1}}$ 与上面的公式计算得到的数值基本相同，说明绕组连接正确，属于 Yd11 联结组。

根据 Yy6 联结组的变压器的电压相量图可得

$$U_{\mathrm{V1v1}} = U_{\mathrm{W1w1}} = (K+1)U_{\mathrm{u1v1}}$$

$$U_{\mathrm{V1w1}} = U_{\mathrm{u1v1}} = U_{\mathrm{u1v1}} \sqrt{K^2+K+1}$$

若实测电压 $U_{\mathrm{V1v1}}$、$U_{\mathrm{W1w1}}$ 和 $U_{\mathrm{V1w1}}$ 与按上述两式计算所得数值基本相等，则说明绕组连接正确，属于 Yd5 联结组。

3. 变压器负荷特性实验

实验目的：通过变压器的负荷特性实验可以掌握电力变压器运行特性的测量方法，学习变压器在电阻性负荷和电感性负荷情况时的工作特性，并且可以学会如何利用测得的变压器运行参数绘制相应负荷性质下的外特性曲线，并计算电压变化率等参数。

实验内容：

(1) 按照单相和三相变压器负荷接线方式接线。

(2) 分别在不同接线方式下改变负荷性质，测量变压器运行参数。

(3) 改变不同的运行参数值，观察测量参数的变化情况。

实验步骤如下。

(1) 将各设备准备就绪，分别按变压器单相和三相接线方式接线。

(2) 在不同接线方式下，将自耦变压器置于最小输出电压位置，将可变电阻器调至最大，将变压器投入运行。然后调节自耦变压器输出电压，使之等于变压器一次侧额定电压。

(3) 接入可变电阻器，保持输出电压不变，减小阻值。在负荷电流从零到二次侧额定电流的范围内时，记录负荷电流及对应的二次侧输出电压。

(4) 将负荷由纯阻性改为感性，在保持输出电压不变和功率因数为 0.8 的前提下，重复上述步骤，记录运行参数数据。

(5) 对记录的数据进行比较分析，通过测量的数据，可绘出相应负荷下的外特性曲线，也可计算出变压器的电压变化率等参数。

## 3.3 物理模拟实验的基本操作步骤实例

以发电机的正常操作为例，介绍某动模实验室中电力系统的动态模拟教学实验的基本操作步骤如下。

(1) 在模拟屏上按图 3-20 所示方式接成实验系统（点划线框中为固定单元接线，单元接线不可改动，以下同此）。该系统为单机-无穷大系统。本实验室推荐选用 1 号机组/2 号机组＋1 号无穷大系统或者 3 号机组/4 号机组＋2 号无穷大系统。选定后，与之对应，在主控台能量管理系统（TH2100）内建立同样的实验系统图。以下各步骤均在工作站上操作。

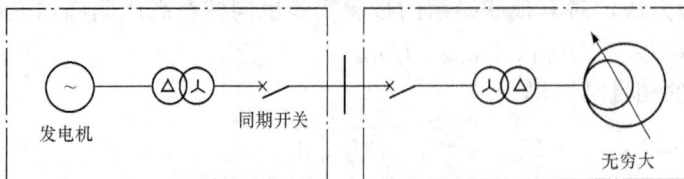

图 3-20 单机-无穷大系统

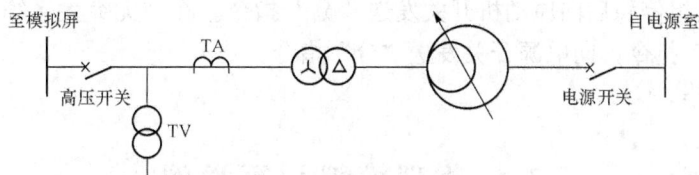

图 3 - 21　无穷大系统侧接线

（2）无穷大电源侧送电。无穷大电源侧采用如图 3 - 21 所示的单元接线。点击实验系统图上代表无穷大系统的符号，进入"无穷大系统"界面。先向电源开关发送"合"指令，合上电源开关。观察线电压遥测值，通过调压（升压/降压）使线电压为 750V。然后向高压开关发送"合"指令，合上高压开关，完成无穷大电源侧送电。

（3）发电机组的启动与建压。发电机侧采用如图 3 - 22 所示的单元接线。点击实验系统图上代表发电机的符号，进入"1 号发电机"界面（2 号、3 号、4 号发电机实验办法完全相同，不再重复）。先向原动机开关发送"合"指令，合上原动机开关。然后向励磁开关发送"合"指令，合上励磁开关。再向开机开关发送"投"指令，开机。调速器将自动启动电动机至额定转速。当机组转速升到 90% 额定值以上时，励磁调节器自动将发电机电压建压至额定值。观察此过程中的转速遥测值以及发电机电压、频率遥测值。

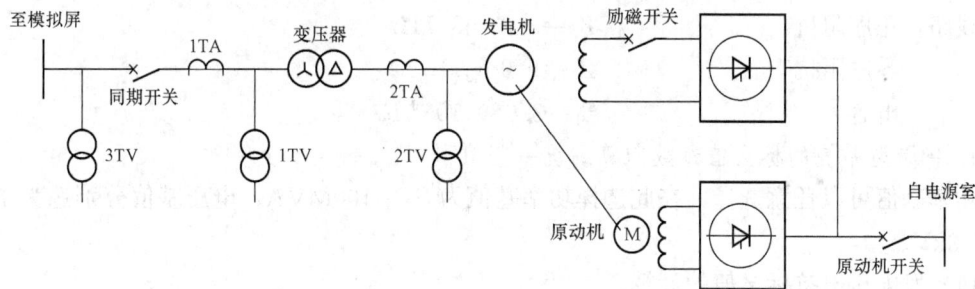

图 3 - 22　发电机侧接线

（4）准同期并网。通过"1 号发电机"界面上的"增/减速"指令调整发电机频率，以及"增/减励磁"指令调整发电机电压；通过"无穷大系统"界面上的"系统升/降压"指令调整系统电压。使同期开关两侧的发电机电压、频率以及系统电压、频率满足准同期并网条件。向同期开关发送"合"指令，合上同期开关。此时由 RTU 自动判断，完成并网。并网前，适量加大同期开关两侧的电压差或频率差，再进行并网操作，记录相应的冲击电流值。不断加大差值，直至并网无法成功，记录最大电压差及频率差。

（5）发电机组输出功率。并网后，通过"1 号发电机"界面上的"增速"指令使发电机有功功率输出增加；通过"1 号发电机"界面上的"增励磁"指令使发电机无功功率输出增加。使发电机输出额定功率，观察各电量的变化。

（6）发电机与系统解列。通过"1 号发电机"界面上的"减速"指令使发电机有功功率输出减少；通过"1 号发电机"界面上的"减励磁"指令使发电机无功功率输出减少。使发电机组输出功率减为零。向同期开关发送"分"指令，断开同期开关，观察各电量的变化。

（7）停机。在"1 号发电机"界面上，向停机开关发送"停"指令，向励磁开关发送

"分"指令,待机组停稳后向原动机开关发送"分"指令。在"无穷大系统"界面上,向高压开关发送"分"指令,向电源开关发送"分"指令。

(8) 实验完毕。

## 3.4 物理模拟计算举例

设一简化后的原型系统的接线图和参数如图 3-23 所示。

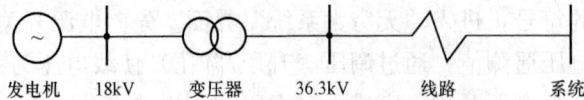

图 3-23　简化后的原型系统接线图

系统相关参数如下。

发电机:$P_N = 300\text{MW}$　$U_N = 18\text{kV}$　　$\cos\varphi = 0.875$　　$X_{dn} = 1.289$

　　　　$X'_{dn} = 0.458$　$X''_{dn} = 0.3056$　$X_{qn} = 0.912$　　$X''_{qn} = 0.3215$

　　　　$X_{0n} = 0.0987$　$X_{2n} = 0.313$　　$H_{jn} = 6\text{s}$　　　$T_{d0n} = 4.89\text{s}$

变压器:$S_N = 360\text{MVA}$, $U_N = 363/18\text{kV}$　$U_{kn} = 15.1\%$

线路:正序阻抗　　　　　　$Z_1 = 3.3 + j3.71\Omega$

　　　零序阻抗　　　　　　$Z_0 = 9.9 + j11.1\Omega$

　　　电容　　　　　　　　$C_1 = 3.08 \times 10^{-6}\text{F}$

1. 将原型系统的标幺值参数归算到统一基值下

功率基值可以任意选择,在此选择功率基值为 $S_B = 100\text{MVA}$,电压基值分别选为 18kV 和 36.3kV。

(1) 发电机电抗标幺值的计算。

以发电机的 $X_d$ 为例,它的新标幺值为

$$X_d = X_{dn}\frac{S_B}{S_N} = 1.298 \times \frac{100}{300/0.875} = 0.379$$

式中:$S_N$ 为发电机的额定容量。发电机其他电抗的标幺值计算结果如下:

$X'_d = 0.134, X''_d = 0.0891, X_q = 0.266, X''_q = 0.0938, X_0 = 0.288, X_2 = 0.0913$。

(2) 变压器:

$$X_T = 0.151 \times \frac{100}{360} = 0.0419$$

(3) 线路:

线路阻抗标幺值　　　　　$$Z_B = \frac{U_B^2}{S_B} = \frac{36.3^2}{100} = 13.2$$

正序阻抗标幺值:　　　$$Z_L^* = \frac{Z_1}{Z_B} = \frac{3.3 + j3.71}{13.2} = 0.25 + j0.28$$

零序阻抗标幺值:　　　$$Z_{L0}^* = \frac{Z_0}{Z_B} = \frac{9.9 + j11.1}{13.2} = 0.75 + j0.84$$

电纳有名值:　　　$Z_C = 1/\omega C = 1/314 \times 3.08 \times 10^{-6} = 1038.4\Omega$

电纳标幺值：
$$Z_C^* = \frac{Z_C}{Z_B} = \frac{1038.4}{13.2} = 78.7$$

**2. 实验室模拟设备的选择**

选择的原则：尽可能使实验室模拟机的标幺值参数与原型系统中发电机归算到统一基值下的标幺值参数相接近，即在实验室模拟机参数表中找与原型系统中发电机在新基值下参数相接近的机组。

通过与动模实验室模拟机的参数对比，在此选择实验室的 1 号模拟机。此机的参数如下：

$S_{Nm} = 30kVA$　　　$U_{Nm} = 400V$　　　$X_{dm} = 1.06$　　　$X'_{dm} = 0.397$　　　$X''_{dm} = 0.298$

$X_{qm} = 0.636$　　　$X''_{qm} = 0.318$　　　$X_{0m} = 0.0779$　　　$X_{2m} = 0.307$　　　$H_{jm} = 4.41$

每片飞轮片的惯量为 0.403s。

**3. 模型系统新基值的初选**

根据标幺值参数相等的原则，上面计算出的原型系统的标幺值参数也应该是模型系统的标幺参数。但所有模拟的参数不可能都完全相等，所以需根据所研究的问题去确定哪些参数是准确的模拟，哪些参数是近似模拟。例如，若研究稳态运行特性问题，那么就要求发电机的稳态电抗 $X_d$ 模拟得比较准确；若研究发电机的暂态稳定问题，则要求暂态电抗模拟得准确一些。假如实验主要是以模拟稳态情况为主，应要求原型与模型的 $X_d$ 一样。

因要满足模拟发电机与实际发电机的空载特性一致，初选基值时，一般把模拟发电机的额定电压作为电压基值，进而确定功率基值。

（1）计算功率基值。

1 号模拟机的额定电压为 400V，所以电压基值为 400V，又要求 $X_d$ 相等，根据 $X_d = X_{dm} \dfrac{S_{bm}}{S_{dm}}$ 计算出功率基值。

式中：$X_d$ 为原型系统在新基值下的稳态电抗标幺值；$S_{bm}$ 为所求的功率基值；$S_{dm}$ 为模拟发电机的额定视在功率；$X_{dm}$ 为模拟发电机以额定视在功率为基值的标幺值。

$$S_{bm} = S_{dm} \frac{X_d}{X_{dm}} = 30 \times \frac{0.379}{1.06} = 10.73(kVA)$$

（2）核算模拟发电机新的额定功率 $S_{nm}$。

因原型机组与模型机组的功率比 $K_s = \dfrac{S_n}{S_{bm}} = \dfrac{100}{10.73} = 9.32$（MVA/kVA），即实验室的 1kVA 相当原型发电机的 9.32MVA，所以对应原型机组额定功率为 300MW 的模型机的额定功率为

$$S_{nm} = \frac{S_{ne}}{K_s} = \frac{300/0.875}{9.32} = 36.79(kVA)$$

此值超过模拟发电机的额定容量较多，说明所选的模拟发电机的电压基值不适合，应重选。

**4. 重选电压基值，再次确定发电机的额定功率**

为了降低模型发电机与原型发电机额定容量所对应的容量 $S_{nm}$ 差值，同时仍满足参数的要求，可以考虑牺牲点空载特性的一致性。适当变化模拟机的额定电压（可在 ±15% 变化），再通过上面的计算得到功率基值，我们把模型发电机额定电压的 90% 作为电压基值，即模

拟发电机的基值电压为 360V，再计算模拟发电机新额定功率。

根据

$$x_1 = x_2 \frac{S_b}{S_{Nn}} \left( \frac{u_{Nn}}{u_b} \right)^2$$

得

$$S_b = \frac{x_1}{x_2} S_{Nn} \left( \frac{u_b}{u_{Nn}} \right)^2$$

$$S_b = \frac{0.379}{1.06} \left( \frac{360}{400} \right)^2 \times 30 = 8.69$$

$$K_s = \frac{100}{8.69} = 11.51$$

$$S'_m = \frac{300/0.875}{11.51} = 29.8 (kVA)$$

此值略小于模拟发电机的额定容量，是合适的。

5. 计算其他参数

(1) 计算模拟变压器的容量。

$$S_T = \frac{S_N}{K_S} = \frac{360}{11.51} = 31.28 (kVA)$$

此值略大于模拟变压器的额定容量，还是满足要求的。原型变压器的 $U_k = 15.1\%$，模型变压器在 $S_T = 31.28kVA$ 时的标幺值也应是 $U_K = 15.1\%$，变压器变比为 1:2，变压器接线方式与实际一致。

(2) 计算模拟系统线路的有名值。

模拟系统阻抗基值 $Z_{bm}$ 为

$$Z_{bm} = \frac{U_b^2}{S_b} = \frac{720^2}{8690} = 59.7 (\Omega)$$

模拟线路阻抗有名值为

$$Z_1 = Z_{bm} Z_L^* = 59.7 \times (0.019 + j0.135) = 1.1 + j8.1 (\Omega)$$

$$Z_0 = Z_{bm} Z_{L0}^* = 59.7 \times (0.079 + j0.420) = 4.7 + j25 (\Omega)$$

若选用实验室 1 号无穷大系统，从实验室设备参数表查出 1 号感应调压器的漏抗折算到 720V 时（变压器的电阻分量未考虑）的漏抗 $X_T$ 为

$$X_T = 0.287 \times \left( \frac{720}{380} \right)^2 = 1.03 (\Omega)$$

1 号无穷大变压器漏抗 $X_{TG}$ 折算到高压侧为

$$X_{TG} = 0.36 \times \left( \frac{720}{800} \right)^2 = 1.91 (\Omega)$$

这两部分阻抗应算在线路上。所以实验室需要的线路元件阻抗为

$$Z_L = 1.1 + j(8.1 - 1.03 - 1.91) = 1.1 + j5.2 (\Omega)$$

在模拟线路零序阻抗时，需要在零线中串接零序阻抗不足部分。由于零线中流过的电流是正序电流的 3 倍，所以需串接的阻抗为线路零序阻抗与正序阻抗之差的 1/3。零序中应补入零序阻抗 $Z_{L0}$ 的不足部分为

$$Z_{L0} = \frac{1}{3} \times [(4.7 + j25) - (1.1 + j8.1)] = 1.2 + j5.6 (\Omega)$$

(3) 计算模拟发电机的时间常数 $H_j$。

原型机组的 $H_j=6s$（相对发电机额定容量 300/0.875MVA 而言），模型机组应该有相同的 $H_j$（相对模拟发电机 $S_N=29.8kVA$），因而折算到模型发电机原来的额定容量 30kVA 的时间常数为

$$H_j = \frac{29.8}{30} \times 6 = 5.96s$$

由于机组本身的惯性时间常数为 4.41s，加装 3 片飞轮片，每片的时间为 0.4033s，所以 $0.4033 \times 3 = 1.21s$，所以 $H_j = 4.41 + 1.21 = 5.62s$，是合适的。原型系统与模型系统的参数对应见表 3-9。

表 3-9　　　　　　　　　原型系统与模型系统的参数对应表

| 参数\系统 | 额定有功 | 额定电压 | 功率基值 | $X_d$ | $X_d'$ | $X_d''$ | $X_q$ | $X_q''$ | $X_T$ | 变压器额定容量 | $H_j(s)$ |
|---|---|---|---|---|---|---|---|---|---|---|---|
| 原型 | 300MVA | 18kV | 100MVA | 0.379 | 0.153 | 0.102 | 0.304 | 0.107 | 0.012 | 360MVA | 6.0 |
| 模型 | 29.8kVA | 400V | 8.69kVA | 0.394 | 0.143 | 0.106 | 0.229 | 0.114 | 0.017 | 31.28kVA | 5.62 |

# 第4章 电力系统数字仿真原理

电力系统数学模型描述各个元件和全系统物理量（电磁量、机械量）的变化规律，它是电力系统数字仿真的基础。

这一章主要讨论各元件的数学模型和它们之间的接口，以便形成全系统的数学模型。此外，还讨论系统初始运行方式的建立，即各元件和全系统方程组初值的确定，所讨论的元件有同步发电机、输电线路、变压器、电力负荷以及发电机的励磁调节系统和调速系统等。此外，还涉及各元件数学模型接口所需的坐标变换。

## 4.1 综合相量和坐标变换

### 4.1.1 三相电磁量的综合相量

交流电磁量常用相量表示。对于三相系统，一般多用单参考轴三相量法表示三相电磁量。这里，介绍表示三相电磁量的三参考轴单相量法。

图4-1中的 $a$、$b$、$c$ 三相坐标是固定在发电机定子（电枢）空间的坐标系统，这是三参考轴单相量法的三个参考轴。

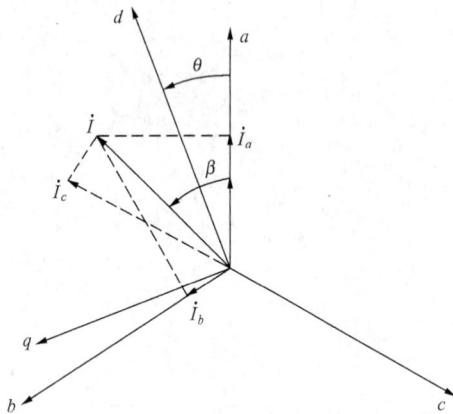

图4-1 三相电磁量的综合相量

电流相量 $\dot{I}$ 的端点在三相绕组轴线上的投影即为 $\dot{I}_a$，$\dot{I}_b$，$\dot{I}_c$。相量 $\dot{I}$ 与三相电流 $i_a$，$i_b$，$i_c$ 之间的关系为

$$\left.\begin{aligned} i_a &= i\cos\beta \\ i_b &= i\cos\left(\beta-\frac{2\pi}{3}\right) \\ i_c &= i\cos\left(\beta+\frac{2\pi}{3}\right) \end{aligned}\right\} \quad (4-1)$$

$$i = \sqrt{\frac{2}{3}(i_a^2+i_b^2+i_c^2)} \quad (4-2)$$

$$\begin{aligned} \beta &= \cos^{-1}(i_a/i) \\ \beta-2\pi/3 &= \cos^{-1}(i_b/i) \\ \beta+2\pi/3 &= \cos^{-1}(i_c/i) \end{aligned} \quad (4-3)$$

这说明三相电流可以用一个相量 $\dot{I}$ 表示，称其为综合相量（Generalized Phasor），简称相量。综合相量与三相电磁量的关系，还可以用式（4-4）表示

$$\dot{I} = \frac{2}{3}(i_a + ai_b + a^2 i_c) \quad (4-4)$$

式中：算子 $a=e^{j2\pi/3}$。

对于发电机定子三相绕组的磁链、电动势、电压等变量，也有其相应的综合相量，分析方法类似。

### 4.1.2 坐标变换

在原始方程中，定子各电磁变量是按三个相绕组也就是对于空间静止不动的三相坐标系列写的，而转子各绕组的电磁变量则是对于随转子一起旋转的 $d$、$q$ 直角坐标系列写的。磁链方程式中出现变系数。

同步电机稳态对称运行时，电枢磁势幅值不变，转速恒定，对于转子相对静止。它可以用一个以同步转速旋转的矢量 $\dot{F}_a$ 来表示。如果定子电流用一个同步旋转的通用相量 $\dot{I}$ 表示（它对于定子各相绕组轴线的投影即是各相电流的瞬时值），那么，相量 $\dot{I}$ 与矢量 $\dot{F}_a$ 在任何时刻都同相位，而且在数值上成比例，如图 4-2 所示。

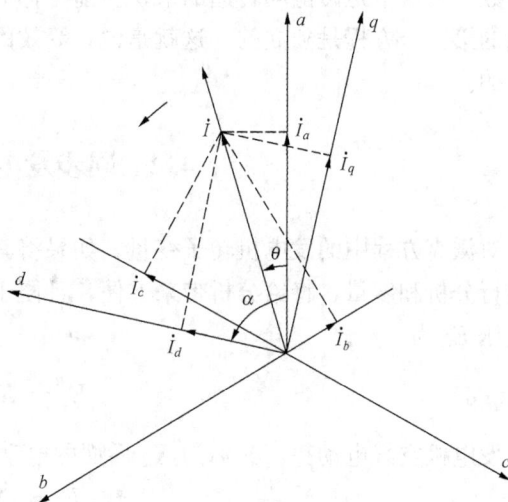

图 4-2 定子电流通用相量

$$\left. \begin{array}{l} i_d = \dfrac{2}{3}\left[i_a\cos\alpha + i_b\cos(\alpha - 120°) + i_c\cos(\alpha + 120°)\right] \\[2mm] i_q = \dfrac{2}{3}\left[i_a\sin\alpha + i_b\sin(\alpha - 120°) + i_c\sin(\alpha + 120°)\right] \end{array} \right\} \quad (4-5)$$

如果定子绕组中存在三相不对称的电流，只要是一个平衡的三相系统。即满足 $i_a + i_b + i_c = 0$，仍然可以用一个通用相量来代表三相电流，不过这时通用相量的幅值和转速都不是恒定的，因而它在 $d$ 轴和 $q$ 轴上的投影也是幅值变化的。需要增选第三个新变量的值 $i_0$，其值为

$$i_0 = \frac{1}{3}(i_a + i_b + i_c) \quad (4-6)$$

式（4-5）和式（4-6）构成了一个从 $a$、$b$、$c$ 坐标系统到 $d$、$q$、0 坐标系统的变换，可用矩阵合写成

$$\begin{pmatrix} i_d \\ i_q \\ i_0 \end{pmatrix} = \frac{2}{3}\begin{pmatrix} \cos\alpha & \cos(\alpha-120°) & \cos(\alpha+120°) \\ \sin\alpha & \sin(\alpha-120°) & \sin(\alpha+120°) \\ \frac{1}{2} & \frac{1}{2} & \frac{1}{2} \end{pmatrix}\begin{pmatrix} i_a \\ i_b \\ i_c \end{pmatrix} \quad (4-7)$$

或缩记为

$$i_{dq0} = P i_{abc} \quad (4-8)$$

上述变换一般称为派克（Park）变换，不仅对定子电流，对定子绕组的电压和磁链都可以施行这种变换。变换关系式与电流的相同。对应的定子 $d$、$q$、0 轴电动势方程为

$$\left. \begin{array}{l} u_d = -\dot{\varphi}_d - \omega\varphi_q - ri_d \\ u_q = -\dot{\varphi}_q + \omega\varphi_d - ri_q \\ u_0 = -\dot{\varphi}_0 - ri_0 \end{array} \right\}$$

从方程中可以看到，$dd$ 和 $qq$ 轴绕组中的电动势都包含了两个分量，一个是磁链对时间

的导数，另一个是磁链同转速的乘积。前者称为变压器电动势，后者称为发电机电动势。上式中的第三个方程是独立的，这就是说，等效的零轴绕组从磁链的意义上说，对其他绕组是隔离的。

## 4.2 同步发电机数学模型

对派克方程中的发电机转子变量，如果将其用折合到定子侧的实用物理量表示，在定子侧进行分析和度量，将给分析带来方便，且便于互相进行比较。例如，定义定子侧看到的励磁电压 $E_e$ 为

$$E_e = X_{ad} \frac{u_e}{r_e}$$

发电机空载电动势，又称为 $X_d$ 后面的电动势 $E_q$ 为

$$E_q = X_{ad} i_e$$

同步发电机不同数学模型的主要区别在于计及的发电机转子绕组数不同，同步电机的数学模型见表 4 - 1。

表 4 - 1 同步机的数学模型

| 序号 | 模型名称 | 模 型 描 述 |
|---|---|---|
| 1 | 二阶模型 | 以 $\omega$ 和 $\delta$ 为状态量，并认为 $E'$ 或 $E'_q$ 恒定。近似计及励磁系统的作用，并能在暂态过程中维持 $X'_d$ 后的电动势 $E'$ 恒定 |
| 2 | 三阶模型 | $E'_q$、$\omega$、$\delta$ 为状态量，忽略定子绕组暂态（$p\psi_d = p\psi_q = 0$）、阻尼绕组作用，只计及励磁绕组暂态和转子动态 |
| 3 | 四阶模型 | 在 $q$ 轴上计及 $g$ 绕组，考虑转子 $f$ 绕组及转子动态，忽略与超瞬态过程对应的 $D$、$Q$ 绕组 |
| 4 | 五阶模型 | $E''_q$、$E''_d$、$E'_q$、$\omega$、$\delta$ 为状态量，忽略定子绕组暂态（定子电压方程中，$p\psi_d = p\psi_q = 0$），计及阻尼绕组 $D$、$Q$ 以及励磁绕组暂态和转子动态 |
| 5 | 六阶模型 | 在五阶模型的基础上，计及转子超瞬变过程，且转子 $q$ 轴考虑 $g$ 绕组 |
| 6 | 七阶模型 | 单独考虑与 $d$ 绕组、$q$ 绕组相独立的零轴绕组，计及 $d$、$q$、$f$、$D$、$Q$ 五个绕组的电磁过渡过程（以绕组磁链或电流为状态量）和转子的机械过渡过程（以 $\omega$、$\delta$ 为状态量） |

### 4.2.1 同步发电机五阶模型

当对电力系统暂态稳定分析的精度要求较高时，可采用忽略定子电磁暂态、计及转子阻尼绕组作用的五阶模型，亦即考虑 $f$ 绕组、$D$ 绕组、$Q$ 绕组的电磁暂态以及转子运动的机电暂态。

1. 新的等效实用变量的引入

（1）$q$ 轴超瞬变电动势 $E''_q$。

$E''_q$ 又称为 $X''_d$ 后面的电动势，它的物理意义是当 $f$ 绕组磁链为 $\psi_f$，$D$ 绕组磁链为 $\psi_D$ 时，在同步转速下相应的定子 $q$ 轴开路电动势。

$$E''_q = \frac{X_{ad}}{X_f X_D - X_{ad}^2}(X_{D1}\psi_f + X_{f1}\psi_D)$$

由于 $E''_q$ 是 $\psi_f$ 和 $\psi_D$ 的函数，故它在扰动中是不能突变的，其暂态过程初值可据稳态运行工况计算。

$$E''_{q0} = u_{q0} + X''_d i_{d0} + r_a i_{q0}$$

（2）$d$ 轴超瞬变电动势 $E''_d$。

$E''_d$ 又称为 $X''_q$ 后面的电动势，它的物理意义是当 $q$ 轴阻尼绕组磁链为 $\psi_Q$ 时，在同步速相应的定子 $d$ 轴开路电动势。由于 $q$ 轴转子只有一个绕组，即 $Q$ 绕组，故当其磁链为 $\psi_Q$ 时，根据定义可得

$$E''_d = -\frac{X_{aq}}{X_Q}\psi_Q$$

同样地，$E''_d$ 在暂态过程中不能突变，其初值计算为

$$E''_{d0} = u_{d0} - X''_q i_{q0} + r_a i_{d0}$$

2. 同步电机的五阶实用模型的导出思路

原派克方程中有 $d$，$q$，$f$，$D$，$Q$ 5 个绕组的电压方程和磁链方程，外加 2 个转子运动方程，若设 $p\psi_d = p\psi_q = 0$，则将为五阶，所含变量为 $u_{dqf}$，$i_{dqfDQ}$，$\psi_{dqfDQ}$ 和 $T_m$，$\omega$，$\delta$。在化为五阶实用模型时，$u_{dq}$ 和 $i_{dq}$ 保留，$u_f$ 用 $E_f$ 代替，再用 5 个磁链方程消去 3 个转子电流 $i_f$，$i_D$，$i_Q$ 以及 2 个定子磁链 $\psi_d$、$\psi_q$，而 $\psi_f$、$\psi_D$、$\psi_Q$ 则用 $E'_q$、$E''_q$、$E''_d$ 实用变量取代。

3. 同步电机的五阶实用模型

同步电机的五阶实用模型如下

（1）定子电压方程为

$$\begin{cases} u_d = -\psi_q - r_a i_d = E''_d + X''_q i_q - r_a i_d \\ u_q = \psi_d - r_a i_q = E''_q - X''_d i_d - r_a i_q \end{cases} \tag{4-9}$$

（2）转子 $f$ 绕组电压方程为

$$T'_{d0} p E'_q = E_e - \left(E'_q - \frac{X_d - X'_d}{X''_d - X'_d}E'_q + \frac{X_d - X'_d}{X''_d - X'_d}E''_q\right) \tag{4-10}$$

（3）转子 $D$ 绕组电压方程为

$$T''_{d0} p E''_q = \frac{X''_d - X_1}{X'_d - X_1}T''_{d0} p E'_q - E''_q + E'_q - (X'_d - X''_d)i_d \tag{4-11}$$

式中：$X_1$ 为定子 $q$ 轴等值漏抗。

（4）转子 $Q$ 绕组电压方程为

$$T''_{q0} p E''_d = -E''_d + (X_q - X''_q)i_q \tag{4-12}$$

（5）转子运动方程为

$$\left.\begin{aligned} T_J \frac{d\omega}{dt} &= T_m - T_e - D(\omega - 1) \\ &= T_m - [E''_q i_q + E''_d i_d - (X''_d - X''_q)i_d i_q] - D(\omega - 1) \\ \frac{d\delta}{dt} &= \omega - 1 \end{aligned}\right\} \tag{4-13}$$

上面的式子构成了同步电机的五阶实用模型，其以 $E'_q$、$E''_q$、$E''_d$、$\delta$、$\omega$ 为状态变量，当励磁电压 $E_e$ 和机械力矩 $T_m$ 已知时，可以和 $d$ 轴，$q$ 轴的网络方程联立求解。

### 4.2.2　同步发电机二阶模型

同步发电机的经典二阶模型又称为 $E'$ 恒定模型，如下所示

$$\dot{u} = \dot{E}' - (r_a + \mathrm{j}X'_d)i \qquad (4-14)$$

$$\begin{cases} T_J\dfrac{\mathrm{d}\omega}{\mathrm{d}t} = T_m - T_e - D(\omega - 1) = T_m - (E'_q i_q + E'_d i_d) - D(\omega - 1) \\[2mm] \qquad\quad = T_m - \mathrm{Re}(\dot{E}' \overset{*}{I}) - D(\omega - 1) \\[2mm] \dfrac{\mathrm{d}\delta'}{\mathrm{d}t} = \omega - 1 \end{cases} \qquad (4-15)$$

由于其模型简单，机网接口方便，因而在大规模电力系统分析中得到了广泛应用，一般地远离扰动发生地点的发电机转子动态可优先选用此模型，并近似用 $\delta'$ 代替 $\delta$ 作稳定分析。（$\delta'$ 为 $E'$ 与机端电压 $\dot{V}$ 之间的夹角）。

### 4.2.3　发电机各种模型适用范围

发电机的七阶模型的精度比较高，一般来说用于电磁暂态仿真中，其他低阶次的模型如五阶、三阶、二阶都可以在七阶模型的基础上做不同程度的简化、假设而得到。

（1）在参数不可靠的情况下，采用二阶模型较为妥当。另外在系统很大，而精度要求不高时，也可采用二阶模型，以提高仿真效率。但由于二阶模型没有考虑励磁系统动态特性，若发电机采用二阶模型，暂态稳定分析结果往往偏保守；相反，对于慢响应、低顶值倍数的励磁系统，则采用二阶模型结果可能偏乐观。

（2）当要计及励磁系统动态时，最简单的模型就是三阶模型。由于它简单而又能计算励磁系统动态，因而广泛地应用于精度要求不十分高，但仍需计及励磁系统动态的交直流电力系统仿真中，但对于有些问题需了解转子暂态中的瞬时值电量（如电磁暂态问题）或转子运动中的瞬时力矩（如轴系扭振问题），采用该模型会引起很大误差。

（3）四阶实用模型和三阶实用模型常用于可忽略转子绕组超瞬变过程但又需考虑到转子绕组瞬变过程的物理问题。其中三阶模型适用于 $X'_q \approx X_q$ 情况，对描写水轮机更为适用；四阶模型则在 $X'_q$ 与 $X_q$ 相差较大时，相对三阶模型较精确地描写转子 $q$ 轴绕组的暂态，对描写大型汽轮机时更为适用。当令 $X'_q \approx X_q$ 时，亦即 $q$ 轴转子 $g$ 绕组时，四阶模型就转换为三阶模型。

（4）五阶模型更为适用于水轮机，而六阶模型有利于描写实心转子的汽轮机，对汽轮机转子 $q$ 轴的整个暂态过程用时间常数不同的两个等值绕组，即反映瞬变过程的 $g$ 绕组和反映超瞬变过程 $Q$ 绕组来描写，比五阶实用模型更为精确。

上述实用模型中均假设：在定子电压方程中 $p\psi_d = p\psi_q = 0$，$\omega \approx 1$（p. u. ）。因此对一些需要计及定子暂态，或速度变化较大的暂态分析则不宜采用上述实用模型。

## 4.3　励磁调节系统数学模型

励磁系统向发电机提供励磁功率，起着调节电压、保持发电机端电压或枢纽点电压恒定的作用，并可控制并列运行发电机的无功功率的分配。它对发电机的动态行为有很大的影响，可以帮助提高电力系统的稳定极限。特别是现代电力电子技术的发展，使快速响应、高放大倍数的励磁系统得以实现，这极大地改善了电力系统的暂态稳定性。励磁系统的附加控

制，又称为电力系统稳定器（PSS），可以增强系统的电气阻尼。线性最优励磁控制器及非线性最优励磁控制器也已研制成功，可以改善电力系统的稳定性。由于励磁控制的投资相对较小，效益高，因而对励磁控制及励磁系统的研究受到了广泛的重视。

励磁系统的分类如下。

（1）直流励磁系统，通过直流励磁机提供给发电机励磁功率；

（2）交流励磁系统，通过交流励磁机及半导体可控或不可控整流供给发电机励磁功率；

（3）静止励磁系统：它从机端或电网经变压器取得功率，经可控整流供给发电机励磁功率，其形式通常为自并励或自复励。

实际的电力系统中，励磁系统特别是电压调节器的种类繁多，各不相同，故一般系统分析程序中均有多种典型的励磁系统模型供选用。而仅以一种典型的可控硅励磁调节器的励磁系统为例，介绍励磁系统的结构相应的基本方程及状态空间模型，如图 4 - 3 所示。

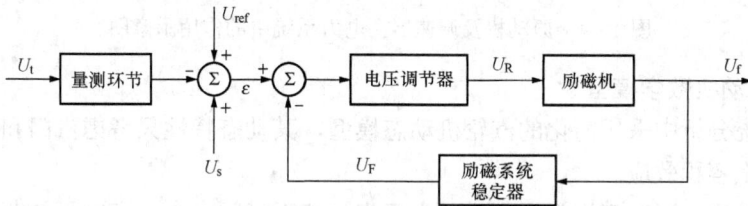

图 4 - 3　典型的励磁系统结构图

在忽略限幅环节作用时，相应的励磁系统基本方程式为

$$\begin{cases} T_A p U_R = -U_R + K_A(U_{ref} - U_t + U_s - U_F) \\ T_L p U_f = -(K_L + S_E)U_f + U_R \\ T_F p U_F = -U_F + \dfrac{K_F}{T_L}[U_R - (K_L + S_E)U_f] \end{cases} \qquad (4-16)$$

励磁系统各变量在暂态过程中的初值可如下确定。设 $K_A$、$T_A$、$T_F$、$K_F$、$K_L$、$T_L$ 均已知，由发电机稳态工况可求得 $U_{f0} = E_{q0} = U_{q0} + X_d I_{d0}$ 及 $U_{t0} = \sqrt{U_{d0}^2 + U_{q0}^2}$，查表或估算该工况下励磁机的饱和系数 $S_E$，从而可由式（4 - 16）的第二式，令 $p \to 0$，则 $U_{R0} = (K_L + S_E) E_{f0}$，再由式（4 - 16）的第三式，令 $p \to 0$，则可以求得 $U_{F0}$。

其他各种励磁系统的基本方程、状态方程及初值的确定过程与此相似。实际暂态稳定计算中应计及限幅环节作用，而小扰动稳定分析中采用线性化模型，则将限幅环节忽略，即认为系统受小扰动时各变量变化幅度很小不会引起限幅环节起作用。应当指出，上述模型主要是用于大规模电力系统的动态分析，如果对励磁系统本身作深入研究，则应采用精细的励磁系统模型，而对电力系统作较大的简化。此外励磁系统的模型及参数对系统动态行为影响较大，应注意模型及参数的正确性。

## 4.4　原动机及调速系统数学模型

电力系统中向发电机提供机械功率和机械能的机械装置，如汽轮机、水轮机等统称为原动机。为了控制原动机向发电机输出的机械功率，并保持电网的正常运行频率，以及在各并列运行的发电机之间合理分配负荷，每一台原动机都配置了调速器。调速系统一般通过控制汽轮机的汽门开度或水轮机的导水叶开度来实现功率和频率的调节。通过改变调速器的参数及给定值（一般是给定速度或给定功率）可以得到所要求的发电机功率-频率调节特性。

原动机及其调速器在电力系统中的作用及其与其他元件的关系如图 4-4 所示。发电机的转速 $\omega$ 和给定速度 $\omega_{ref}$ 作比较，其偏差 $\varepsilon$ 进入调速器，以控制汽轮机汽门或水轮机导水叶开度 $\mu$，从而改变原动机输出的机械功率 $P_m$，亦即发电机的输入机械功率，从而可调节速度或调节发电机的输出电功率 $P_o$。

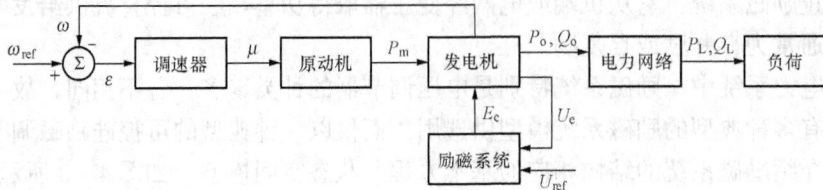

图 4-4　原动机及调速器在电力系统中的作用示意图

### 4.4.1　原动机数学模型

在电力系统分析中采用简化的汽轮机动态模型，其动态特性只考虑汽门和喷嘴间的蒸汽惯性引起的蒸汽容积效应。

蒸汽容积效应：当改变汽门开度时，由于汽门和喷嘴间存在一定容积的蒸汽，此蒸汽的压力不会立即发生变化，因而输入汽轮机的功率也不会立即发生变化，而有一个时滞。在数学上用一个一阶惯性环节来表示，即

$$P_m = \frac{\mu}{1 + pT} \qquad (4-17)$$

式中：$T$ 为时间常数。

在计及蒸汽容积效应时，汽轮机常采用以下的三种动态模型，即

（1）只计及高压蒸汽容积效应的一阶模型。

设汽轮机蒸汽为额定参数，则汽轮机传递函数为

$$\frac{P_m}{\mu} = \frac{1}{1 + pT_{CH}} \qquad (4-18)$$

式中：$P_m$ 为汽轮机输出机械功率（标幺值）；$\mu$ 为汽门开度（标幺值）；$T_{CH}$ 为高压蒸汽容积时间常数，一般为 0.1～0.4s。

（2）计及高压蒸汽和中间再热蒸汽容积效应的二阶模型。

计及高压蒸汽和中间再热蒸汽容积效应的二阶模型的传递函数为

$$\frac{P_m}{\mu} = \frac{1}{1 + pT_{CH}}\left(\alpha + \frac{1-\alpha}{1 + pT_{RH}}\right) \qquad (4-19)$$

式中：$\alpha$ 为高压缸稳态输出功率占汽轮机总输出功率的百分比，一般为 30% 左右；$T_{RH}$ 为中间再热蒸汽容积效应时间常数，一般为 4～11s；其他参数的物理意义同式（4-18）。

（3）计及高压蒸汽、中间再热蒸汽及低压蒸汽容积效应的三阶模型。

计及高压蒸汽、中间再热蒸汽及低压蒸汽容积效应的三阶模型的传递函数为

$$\frac{P_m}{\mu} = \frac{1}{1 + pT_{CH}}\left[f_1 + \frac{1}{1 + pT_{RH}}\left(f_2 + \frac{f_3}{1 + pT_{CO}}\right)\right] \qquad (4-20)$$

式中：$f_1$、$f_2$、$f_3$ 分别为高、中、低压缸稳态输出功率占总输出功率的百分比，$f_1 + f_2 +$

$f_3=1$，一般有 $f_1:f_2:f_3=3:4:3$，$T_{CO}$ 为低压蒸汽容积时间常数，一般为 $0.3\sim0.5\text{s}$。

水轮机的数学模型和汽轮机的数学模型类似，只是对应的一些术语参数不同，如水锤效应、水流时间常数等。

### 4.4.2　典型调速器数学模型

汽轮机调速器有液压调速器和中间再热机组用的功频电液调速器。两种液压调速器的基本原理一致，可用同样的数学模型描述，而且汽轮机液压调速器传递函数与水轮机调速器传递函数基本相同。

汽轮机的功频电液调速器的原理如图 4-5 所示，是为了适应中间再热式汽轮机的调节特点，在液压调速器的基础上发展而成的。其最大的特点是引入了测功单元，进行输出功率反馈，以改善调节特性。此外采用 PID 调节，既可克服中间再热蒸汽的容积效应引起的影响，又有利于保证必要的静特性。

功频电液调速器的测功单元相当于通常调速器的测速单元，而测功单元则是其特有的，它将汽轮机功率转换成一个成比例的电压信号，而作为整个调速器的反馈信号，以便使调节过程中转速偏差和功率偏差基本保持一定的比例关系。PID 调节器把测频、测功单元输出和给定信号作综合校正放大，其输出经电液转换器转换为机械信号，进入液压部分，液压部分原理与液压调速器相同。

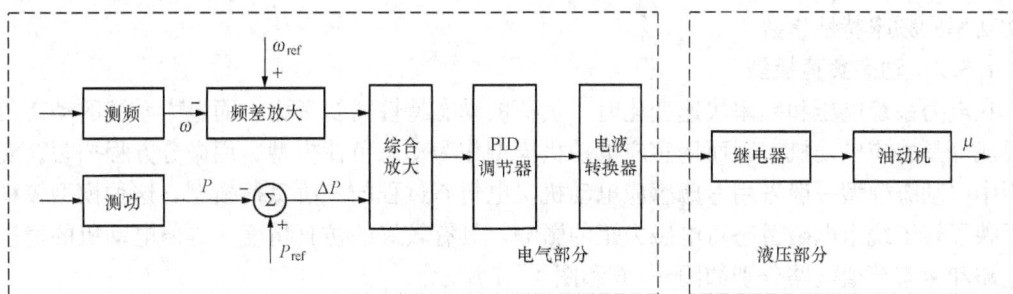

图 4-5　汽轮机功频电液调速器原理框图

测速环节的放大倍数 $K_\delta$ 的倒数即为静调差系数 $\delta$，因为在稳态时，PID 调节器输入为零，即

$$\delta=\frac{1}{K_\delta}=-\frac{\Delta\omega}{\Delta P}$$

电液调速器和其他调速器一样进行一次调频，并可通过改变给定速度和给定功率以实现二次调频。

水轮机调速系统和汽轮机调速系统主要区别在于水轮机引水管道水锤效应引起的水轮机动态特性恶化问题，可通过调速器中引入软反馈加以改善，而汽轮机调速器则无软反馈环节。

## 4.5　负荷数学模型

在电力系统分析中采用的负荷模型可以根据实际系统测试确定，也可根据用户装设的用电设备容量及使用率，以及同类用电设备的典型特性进行综合而成，故称为综合负荷模型。

由于负荷随昼夜、工作日、季节、年度等变化很大，且组成多变，故综合负荷模型及其参数的确定是系统分析中的一个难题。

电力系统综合负荷模型在系统频率和电压快速变化时，其相应的负荷特性可用微分方程描写，称此为负荷动态模型；而负荷的有功与无功功率在系统频率和电压缓慢变化时相应的变化特性可用代数方程（或曲线）描写，称此为负荷静态模型。

### 4.5.1　静态负荷模型

静态负荷反映了负荷有功、无功功率随频率和电压缓慢变化而变化的规律，可用代数方程或曲线表示。其中负荷随电压变化的特性称为负荷电压特性，而随频率变化的特性称为负荷频率特性。

在一定的电压变化范围和频率变化范围下，负荷有功功率和无功功率随电压和频率变化的特性，可近似表示为

$$\begin{cases} P = P_0 \left(\dfrac{U}{U_0}\right)^{p_U} \left(\dfrac{\omega}{\omega_0}\right)^{p_\omega} \\ Q = Q_0 \left(\dfrac{U}{U_0}\right)^{q_U} \left(\dfrac{\omega}{\omega_0}\right)^{q_\omega} \end{cases} \tag{4-21}$$

式中：$P_0$、$Q_0$、$U_0$、$\omega_0$ 分别为在基准点稳态运行时负荷有功功率、无功功率、负荷母线电压幅值和角频率；$p_U$ 和 $q_U$ 为负荷有功和无功功率的电压特性指数；$p_\omega$ 和 $q_\omega$ 为负荷有功和无功功率的频率特性指数。

### 4.5.2　动态负荷模型

在电力系统电压和频率快速变化时，负荷的动态特性需要考虑。而电力系统的动态负荷主要成分是感应电动机，因而用感应电动机模型作为动态负荷模型，用微分方程描写。实际应用中，动态模型一般采用考虑感应电动机机电暂态过程的三阶负荷模型。这种模型较精确地反映了转子绕组电磁暂态对电磁力矩的影响，具有较好的仿真精度。等值电动机的稳态等值电路和暂态等值电路分别如图 4-6 和图 4-7 所示。

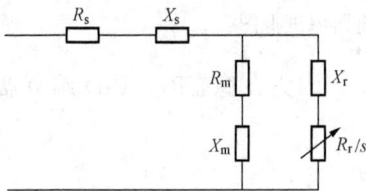

图 4-6　感应电动机的稳态等值电路　　　　图 4-7　感应电动机的暂态等值电路

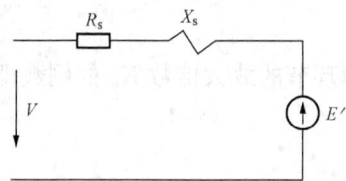

图中 $R_s$ 为定子电阻，$X_s$ 为定子漏抗，$X_r$ 为转子漏抗，$R_r$ 为转子电阻，$X_m$ 是电动机励磁电抗，$s$ 为电动机转差率。

由此，综合负荷模型结构中等值电动机的动态特性可以由以下微分-代数方程描述为

$$\frac{dE'_d}{dt} = -\frac{1}{T'_{d0}}[E'_d + (X - X')I_q] - (\omega_r - 1)E'_q \tag{4-22}$$

$$\frac{dE'_q}{dt} = -\frac{1}{T'_{q0}}[E'_q + (X - X')I_d] - (\omega_r - 1)E'_d \tag{4-23}$$

定子电流方程为

$$I_d = \frac{1}{R_s^2 + X'^2}[R_s(U_d - E'_d) + X'(U_q - E'_q)] \tag{4-24}$$

$$I_q = \frac{1}{R_s^2 + X'^2}[R_S(U_q - E'_q) + X'(U_q - E'_q)] \qquad (4 - 25)$$

转子运动方程为

$$\frac{d\omega_r}{dt} = \frac{1}{2H}(T_E - T_M) \qquad (4 - 26)$$

$$T_E = E'_d I_d + E'_q I_q \qquad (4 - 27)$$

$$T_M = (A\omega_r^2 + B\omega_r + C)T_0 \qquad (4 - 28)$$

$$\omega_r = 1 - S$$

式中：$A$、$B$、$C$ 为机械转矩系数，$T_0$ 为初始机械转矩，且满足

$$A\omega_r^2 + B\omega_r + C = 0 \qquad (4 - 29)$$

$$\omega_0 = 1 - S_0$$

式中

$$X' = X_s + \frac{X_r X_m}{X_s + X_m}$$

$$X = X_s + X_m$$

$$X_m = T'_{d0} R_r - X_r$$

$X_s$ 为定子电抗，$X_r$ 为转子电抗，$R_r$ 为转子电阻，$X_m$ 是定转子互感抗，$X'$ 为转子不动时短路电抗，$X$ 为转子开路电抗；$T'_{d0}$ 是定子开路转子回路时间常数；$s$ 为转子滑差；$H$ 为转子惯性时间常数，且有 $H = T_j/2$；$E_d$、$Eq$ 分别为等值电动机的 $d$ 轴暂态内电势与 $q$ 轴暂态内电势；$I_d$、$I_q$、$U_d$、$U_q$ 分别为等值电动机的 $d$ 轴与 $q$ 轴电流及电压分量；$\omega$ 为等值电动机的转速；$A$、$B$、$C$ 分别为等值电动机的机械转矩中与转速平方、转速成线性关系及与转速无关部分的比例系数。需要说明的是，这里的感应电动机参数都是感应电动机自身容量基值下的标幺值。

此处介绍了负荷的静态模型和动态模型，在电力系统分析中要根据实际问题的本质、计算精度和速度要求及实际条件的许可，合理选择负荷模型。

## 4.6 变压器数学模型

电力系统分析中通常忽略变压器励磁支路而只考虑其短路阻抗，并计及其变比及联结组别的影响。变压器的模型主要是建立其高、低压侧的电压和电流间的函数关系。变压器的数学模型有两种：一是忽略电磁暂态采用代数方程描写的准稳态模型；二是用微分方程描写的电磁暂态模型。

### 4.6.1 变压器准稳态模型

在正序或负序网中，变压器在计及变比和短路阻抗，且三相参数对称时，可以用图 4-8 表示。

设变压器变比为 $1:n$，短路阻抗为 $R_k + jX_k$（p. u.），则对于图 4-8 (a) 可列出 $\dot{U}'_i$、$\dot{I}'_i$ 和 $\dot{U}_j$、$\dot{I}_j$ 间的函数关系为

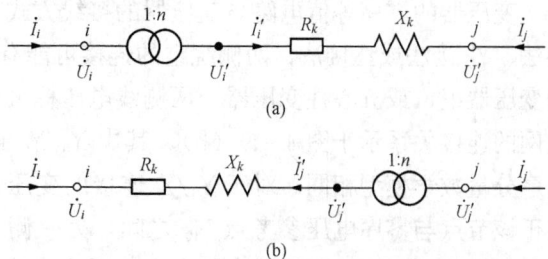

图 4-8 变压器准稳态模型（适合正负序）

$$
\begin{bmatrix} \dot{I}'_i \\ \dot{I}_j \end{bmatrix} = \begin{bmatrix} Y_k & -Y_k \\ -Y_k & Y_k \end{bmatrix} \begin{bmatrix} \dot{U}'_i \\ \dot{U}_j \end{bmatrix} \tag{4-30}
$$

式中：$Y_k = \dfrac{1}{R_k + jX_k}$。

对变比为 $1:n$ 的理想变压器可列出相应模型为

$$
\begin{bmatrix} \dot{I}'_i \\ \dot{I}_j \end{bmatrix} = \begin{bmatrix} Y_k & -\dfrac{Y_k}{n} \\ -\dfrac{Y_k}{n} & \dfrac{Y_k}{n^2} \end{bmatrix} \begin{bmatrix} \dot{U}'_i \\ \dot{U}_j \end{bmatrix} \tag{4-31}
$$

据式（4-31）可方便地将变压器支路追加到网络正序、负序网络中去。

变压器接线方式对变压器两侧正序、负序电量相位和幅值有影响。对于 Y/Y，$Y_0/Y_0$，△/△，$Y/Y_0$，连接的变压器，一般均采用 12 点接线，变压器两侧正序、负序电量相位分别相同，故式（4-31）反映了实际的变压器两侧正序或负序电量的相位。对于 Y/△ 或 $Y_0$/△接线的变压器，变压器两侧的正、负序电量相位不相同，这点要注意。

对于 Y/△接线引起的幅值变化，可由两侧标幺值基值选取解决，以便使两侧额定线电压标幺值之比为 1:1。而 Y/△联结组别引起的相位问题，则在电网分析中可取一侧为基准侧，认为计算电量均为折合到这一侧的正序、负序分量。当需要计算另一侧实际的正序、负序分量时，据连接组别分别旋转相应的角度即可。

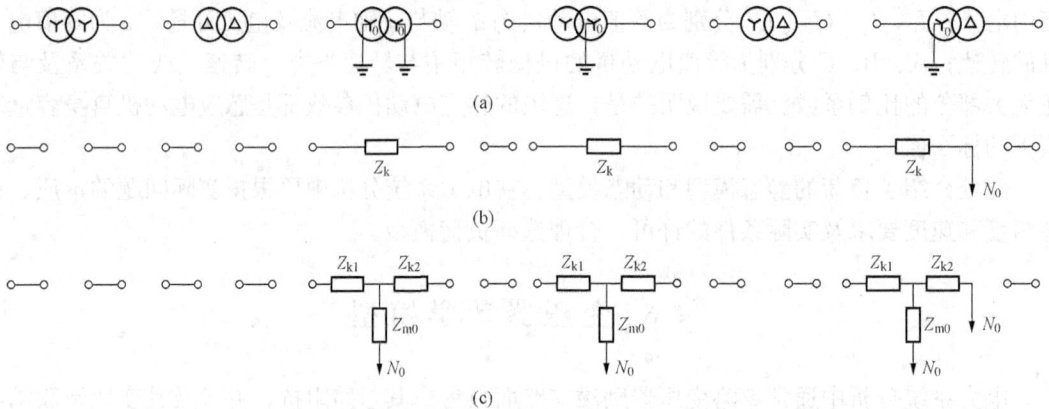

图 4-9　变压器接线方式及对零序电路的影响

(a) 接线方式；(b) 零序等值电路（三单相或五心柱）；(c) 零序等值电路（三心柱）

变压器的零序等值电路与变压器的接线方式有关。高压侧或低压侧的三相绕组可能是 Y 接法、$Y_0$ 接法或△接法，两侧绕组的连接可能有如图 4-9 所示 6 种组合。若变压器为三单相变压器组，或五心柱变压器，两侧线电压标幺变比为 1:1，则变压器短路阻抗 $Z_k$ 和两侧电网的连接关系示于图 4-9（b）。其中 $Y_0/Y_0$ 连接的变压器，零序分量数学模型和正序、负序分量数学模型相同。对于 $Y_0$/△连接的变压器，将短路阻抗按变比折合到 $Y_0$ 侧后，跨接于该节点与零序电压参考点 $N_0$ 之间，另一侧则为开路。而除 $Y_0/Y_0$ 及 $Y_0$/△接线外，其他各种接线均可视为两侧零序网和变压器连接处开路，这样连接有利于保证不同电压等级的电网中零序电量互不影响，有助于零序保护的整定。对于三铁心柱变压器，由于其零序励磁

阻抗 $Z_{m0}$ 不能认为是无穷大，应予以计入。

### 4.6.2　变压器电磁暂态模型

变压器在忽略其励磁电流时，其电磁暂态模型的导出和线路阻抗支路的导出相似，但需要进一步考虑变比及联结组别的影响。

以下推导变压器在 $abc$ 坐标下的电磁暂态模型，在推导中先设变压器接线为 $Y_0/Y_0$ 接线，其两侧中性点接地。本节中，变压器均假定励磁阻抗无穷大，变压器三相参数对称，其等值电路如图 4-10 所示。

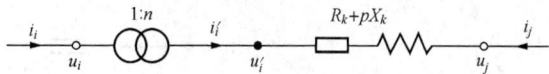

图 4-10　$Y_0/Y_0$ 接线变压器各相等值电路

对于图 4-10 所示的电路，可以列出如下电量关系

$$\begin{bmatrix} R_k+pX_k & 0 & 0 \\ 0 & R_k+pX_k & 0 \\ 0 & 0 & R_k+pX_k \end{bmatrix}\begin{bmatrix} i'_{ia} \\ i'_{ib} \\ i'_{ic} \end{bmatrix}=\begin{bmatrix} u'_{ia}-u_{ja} \\ u'_{ib}-u_{jb} \\ u'_{ic}-u_{jc} \end{bmatrix} \tag{4-32}$$

$$i'_{i,abc}=\begin{bmatrix} i'_{ia} \\ i'_{ib} \\ i'_{ic} \end{bmatrix}=-i_{j,abc} \tag{4-33}$$

对于变比为 $1:n$ 的变压器，两侧电量关系为

$$\begin{cases} i_{i,abc}=ni'_{i,abc} \\ u_{i,abc}=\dfrac{1}{n}u'_{i,abc} \end{cases} \tag{4-34}$$

将式（4-34）带入式（4-32），消去 $i'_{i,abc}$、$u'_{i,abc}$，并根据式（4-33），补上 $i_{j,abc}$ 三个方程，则可得

$$\begin{bmatrix} \dfrac{1}{n}i_{i,abc} \\ i_{j,abc} \end{bmatrix}=\begin{bmatrix} Z_k^{-1} & -Z_k^{-1} \\ -Z_k^{-1} & Z_k^{-1} \end{bmatrix}\begin{bmatrix} nu_{i,abc} \\ u_{j,abc} \end{bmatrix} \tag{4-35}$$

式中

$$Z_k=diag(R_k+pL_k,R_k+pL_k,R_k+pL_k)$$

此式反映了变压器按 $Y_0/Y_0$ 连接时，电流和电压在 $abc$ 坐标下的瞬时值关系，$Z_k$ 包含的算子 $p=\dfrac{\mathrm{d}}{\mathrm{d}t}$，故是微分方程形式。

## 4.7　输电线路数学模型

输电线路数学模型主要是指线路两端电压和电流间的函数关系。在不同的坐标下这种函数表达式是不同的。常用的坐标为 $abc$ 相坐标、012（零序、正序、负序）坐标和 $xy$ 同步旋转坐标。输电线路的数学模型有两种：一是忽略电磁暂态采用代数方程描写的准稳态模型；二是用微分方程描写的电磁暂态模型。他们都是以集中参数的"Π"型等值电路为基础。以下介绍这两种数学模型。

### 4.7.1　输电线路准稳态模型

1. $abc$ 相坐标准稳态模型

设三相对称参数的输电线路"Ⅱ"型等值电路中的阻抗支路如图 4 - 11 所示，$r_s$，$X_s$，$X_m$，分别为输电线路各相的集中参数等值电阻自感抗和两相间的互感抗。则根据电路理论，

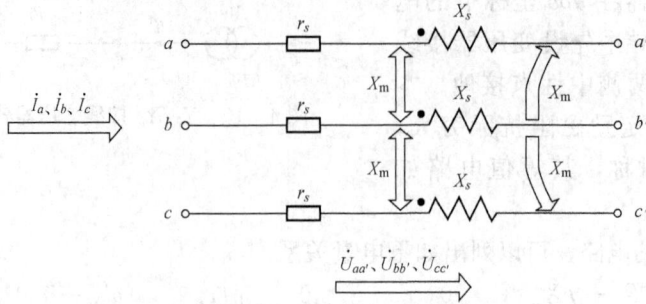

图 4 - 11　三相输电线路的阻抗支路

用复数符号表示的三相工频电量间有如下关系

$$\begin{bmatrix} \dot{U}_{aa'} \\ \dot{U}_{bb'} \\ \dot{U}_{cc'} \end{bmatrix} = \begin{bmatrix} Z_{aa} & Z_{ab} & Z_{ac} \\ Z_{ba} & Z_{bb} & Z_{bc} \\ Z_{ca} & Z_{cb} & Z_{cc} \end{bmatrix} \begin{bmatrix} \dot{I}_a \\ \dot{I}_b \\ \dot{I}_c \end{bmatrix} \tag{4 - 36}$$

或简化为

$$\dot{U}_{abc}^{(L)} = Z_{abc}^{(L)} \cdot \dot{I}_{abc}^{(L)} \tag{4 - 37}$$

阻抗矩阵中，

$$Z_{aa} = Z_{bb} = Z_{cc} = r_s + jX_s$$
$$Z_{ab} = Z_{bc} = Z_{ca} = Z_{ba} = Z_{ac} = Z_{cb} = jX_m$$

由于 $Z_{abc}^{(L)}$ 是一个满阵，它反映了 $abc$ 三相间的耦合关系，对计算很不方便，因此实际电力系统分析中，一般只在三相参数不对称时才考虑用 $abc$ 坐标。更多采用的是 012 对称分量坐标。三相电容支路的电量关系同理可以推出。

2. 012 对称分量准稳态模型

若对相坐标下的准稳态模型做线性变换，可实现新坐标下各分量间的解耦，这种变化不是唯一的。其中一种广泛应用的线性变换是将 $abc$ 相坐标变换为 012 对称分量坐标。

若定义线性变换矩阵

$$K = \frac{1}{3} \begin{bmatrix} 1 & 1 & 1 \\ 1 & a & a^2 \\ 1 & a^2 & a \end{bmatrix} \tag{4 - 38}$$

式中：$a = e^{j120°}$；$a^2 = e^{j240°}$；$a^3 = 1$。并定义 $abc$ - 120 坐标间的线性变换为

$$\dot{f}_{012} = \begin{bmatrix} \dot{f}_0 \\ \dot{f}_1 \\ \dot{f}_2 \end{bmatrix} = \frac{1}{3} \begin{bmatrix} 1 & 1 & 1 \\ 1 & a & a^2 \\ 1 & a^2 & a \end{bmatrix} \begin{bmatrix} \dot{f}_a \\ \dot{f}_b \\ \dot{f}_c \end{bmatrix} = K\dot{f}_{abc} \tag{4 - 39}$$

式中：$f$ 为电压电流等。式（4 - 39）相应的反变换为

$$\dot{f}_{abc} = K^{-1} \cdot \dot{f}_{012} \tag{4 - 40}$$

可证明式中

$$K^{-1} = \begin{bmatrix} 1 & 1 & 1 \\ 1 & a^2 & a \\ 1 & a & a^2 \end{bmatrix}$$

对线路阻抗支路方程（4-36）两边都乘 $K$，并利用式（4-40）的电量关系可得 012 坐标系下相应的电量关系为

$$\dot{U}_{012} = \begin{bmatrix} \dot{U}_0 \\ \dot{U}_1 \\ \dot{U}_2 \end{bmatrix} = \begin{bmatrix} Z_0 & 0 & 0 \\ 0 & Z_1 & 0 \\ 0 & 0 & Z_2 \end{bmatrix} \begin{bmatrix} \dot{I}_0 \\ \dot{I}_1 \\ \dot{I}_2 \end{bmatrix} = Z_{012} \cdot \dot{I}_{012} \qquad (4-41)$$

式中

$$Z_{012} = K Z_{abc} K^{-1}$$

从而

$$Z_0 = r_s + j(X_s + 2X_m) = R_0 + jX_0$$
$$Z_1 = Z_2 = r_s + j(X_s - X_m) = R_1 + jX_1 = R_2 + jX_2$$

式中：$Z_0$、$Z_1$、$Z_2$ 分别为输电线路的零序、正序和负序阻抗，其物理意义为输电线路阻抗支路对于零序、正序和负序电量分别呈现的阻抗。显然，将 $abc$ 相坐标转化为 012 对称分量坐标后，实现了分量间的解耦，$Z_{012}$ 为对角矩阵，从而大大简化了计算。应当指出的是，只有在三相参数对称时才有这个性质。

### 4.7.2 输电线路电磁暂态模型

当电力系统分析中涉及工频分量以外的成分时，输电线路常需采用电磁暂态模型，并用微分方程描写。本节将导出在常用的两种坐标下输电线路的电磁暂态模型，并加以简单讨论。这里的输电线路电磁暂态模型仍以集中参数的"Π"型等值电路为基础，不考虑分布参数模型。

1. $abc$ 相坐标电磁暂态模型

由于要讨论的不是工频分量，故 $abc$ 相坐标下的电量不能用复数相量表示，而是用瞬时值（实数）表示。参考图 4-8（a），当三相参数对称时，线路阻抗支路电量的瞬时值写为

$$\begin{bmatrix} u_{aa'} \\ u_{bb'} \\ u_{cc'} \end{bmatrix} = \begin{bmatrix} r_s + pL_s & pL_m & pL_m \\ pL_m & r_s + pL_s & pL_m \\ pL_m & pL_m & r_s + pL_s \end{bmatrix} \begin{bmatrix} i_a \\ i_b \\ i_c \end{bmatrix} \qquad (4-42)$$

式（4-42）左边为线路压降；$i_{abc}$ 为线路阻抗支路电流；$r_s$，$L_s$，$L_m$ 为线路电阻、自感和相间互感；$p = \dfrac{\mathrm{d}}{\mathrm{d}t}$ 为时间导数算子。式（4-42）可记为

$$u_{abc}^{(L)} = (r_{abc} + pL_{abc}) \cdot i_{abc}^{(L)} \qquad (4-43)$$

同理，对电容支路也可以得到相似的电量关系。

2. $dq$ 旋转坐标电磁暂态模型

由于 $abc$ 坐标下三相电量互相耦合，计算量大，故作线性变换后转化为旋转坐标下的模型加以分析。常见的是用派克变换，转换到转速为 $\omega$ 的 $dq$ 旋转坐标，当取 $\omega = 1$ 时，即为 $xy$ 同步坐标，下面予以推导。

由图 4 - 8（a），式（4 - 42）可改写作

$$\begin{cases} u_{abc} = p\psi_{abc} + r_{abc}i_{abc} \\ \psi_{abc} = L_{abc}i_{abc} \end{cases} \tag{4 - 44}$$

式中：$r_{abc} = diag(r_s, r_s, r_s)$；$L_{abc} = \begin{bmatrix} L_s & L_m & L_m \\ L_m & L_s & L_m \\ L_m & L_m & L_s \end{bmatrix}$；$\psi_{abc}$ 为三相线路的磁链。

为将 $abc$ 坐标化为 $dq$ 旋转坐标，对式（4 - 44）两边左乘派克变换矩阵

$$\boldsymbol{D} = \frac{2}{3}\begin{bmatrix} \cos\theta_a & \cos\theta_b & \cos\theta_c \\ -\sin\theta_a & -\sin\theta_b & -\sin\theta_c \\ 1/2 & 1/2 & 1/2 \end{bmatrix}$$

式中：$\theta_a$、$\theta_b$、$\theta_c$ 分别为观察坐标 $d$ 轴领先 $a$ 轴、$b$ 轴、$c$ 轴的电角度。另外，$q$ 轴领先 $d$ 轴 90°电角度，则和同步电机定子电压方程相似，式（4 - 44）可化为

$$\begin{cases} u_d = p\psi_d - \omega\psi_q + r_s i_d \\ u_q = p\psi_q + \omega\psi_d + r_s i_q \\ u_0 = p\psi_0 + r_s i_0 \end{cases} \tag{4 - 45}$$

其中，

$$\begin{cases} \psi_d = X_d i_d \\ \psi_q = X_q i_q \\ \psi_0 = X_0 i_0 \end{cases} \tag{4 - 46}$$

式中：$\omega = \dfrac{d\theta_a}{dt} = \dfrac{d\theta_b}{dt} = \dfrac{d\theta_c}{dt}$ 为 $d$ 轴旋转速度；$X_d = X_q = X_s - X_m = X$ 等于工频下的线路正序电抗标幺值；$X_0 = X_s + 2X_m$ 等于工频下的线路零序电抗标幺值。由式（4 - 46）可见，$dq$ 坐标下各分量磁路实现了解耦，从而对加快计算速度极为有利。

## 4.8 常微分方程数值解法

电力系统暂态稳定时域分析中需要联立求解微分方程组和代数方程组。所谓求解微分方程组是指在一定的初值条件下，求得微分方程的数值解，即对应离散的时间序列 $t_0$、$t_1$、… $t_n$ 逐步求出相应的系统状态矢量值 $y_0$、$y_1$、…、$y_n$，这种方法又称为逐步积分法。

实际系统的微分方程一般可表达为一阶常微分方程组，因此下面讨论一阶常微分方程的数值解法。

对于微分方程

$$\frac{dy}{dt} = f(y, t) \tag{4 - 47}$$

设初值为 $y(t_0)$，若计算步长为 $h = t_n - t_{n-1}$（$n = 1, 2, 3, \cdots$），则 $t_1$ 时刻的 $y$ 精确值 $y(t_1)$ 为

$$y(t_1) = y(t_0) + \int_{t_0}^{t_1} f(y, t)dt \tag{4 - 48}$$

实际计算时，对积分项作近似计算从而形成了各种不同的数值解法。

1. 单步法与多步法

对于微分方程（4-47），在计算 $t_{n+1}$ 时刻的状态量 $y_{n+1}$ 的值时，若只需已知 $t_n$ 时刻的状态量值 $y_n$，则称此数值解法为单步法。否则，若计算 $y_{n+1}$ 时，除 $y_n$ 外还需知道更多前一点或前若干点的信息，则称此数值解法为多步法。单步法的优点是可以自起步，即由稳态值 $(t_0，y_0)$ 出发，可顺利地利用通用计算公式一步一步求数值解 $y_1$，$y_2\cdots$。而多步法则不能自起步，因其需要多于一步的状态量历史信息。在电力系统中，由于常遇到操作及故障，故一般不采用单步法。

2. 隐式与显式解法

显式法在由状态量 $y$ 的历史信息计算 $y_{n+1}$ 时，不必解方程，而可以直接计算，隐式法则需通过求解方程来计算 $y_{n+1}$。一般地，显式计算求数值解简便，但数值稳定性差，即在某一时刻步长计算中产生的误差在以后逐步积分过程中，可能由于计算步长不当而使误差扩大发散，而导致数值计算结果严重畸变及失败。而隐式解法虽然求解复杂，但数值稳定性比显式解法要好，允许采用较大步长。目前电力系统暂态分析的实用程序趋于采用数值稳定性良好的隐式解法。

### 4.8.1　改进欧拉法

改进欧拉法 $t_n\sim t_{n+1}$ 时，方程的数值积分是分预报和校正两步进行的，其通用计算公式为

预报

$$y_{n+1}^{(0)} = y_n + hf(y_n,t_n)\ n=0,1,\cdots \tag{4-49a}$$

校正

$$y_{n+1}^{(1)} = y_n + \frac{h}{2}\left[f(y_n,t_n)+f(y_{n+1}^{(0)},t_{n+1})\right] \tag{4-49b}$$

式中：$f(y,t)=\dfrac{\mathrm{d}y}{\mathrm{d}t}$。还可以对 $y_{n+1}^{(1)}$ 作进一步校正，但实际上通常只按式（4-49a）对 $y_{n+1}^{(0)}$ 校正一次即可。式（4-49b）可以改写成为

$$y_{n+1}=y_{n+1}^{(1)}=y_{n+1}^{(0)}+\frac{h}{2}\left[f(y_{n+1}^{(0)},t_{n+1})-f(y_n,t_n)\right] \tag{4-50}$$

从而当 $y_{n+1}^{(0)}$ 计算后，可以不必存储 $y_n$，有利于节省内存。改进欧拉法本质上属于单步显式解法。具有二阶精度、三阶截断误差，其数值稳定性较差，因而影响其广泛应用。但由于它是单步、显式计算，相对于隐式法计算编程简单，计算速度较快，因而仍应用于实际电力系统暂态分析中。

### 4.8.2　隐式梯形积分法

对于方程 $\dfrac{\mathrm{d}y}{\mathrm{d}t}=f(y,t)$，若在 $[t_n,t_{n+1}]$ 区段，$y'=f(y,t)$ 近似为直线，如图 4-12 所示。

以该直线下的梯形面积 $\dfrac{h}{2}(y_n'+y_{n+1}')$ 近似为 $\int_{t_n}^{t_{n+1}} f(y,t)\mathrm{d}t$ 的真值，则相应的通用计算公式为

$$y_{n+1}\approx y_n+\frac{h}{2}(y_n'+y_{n+1}')$$

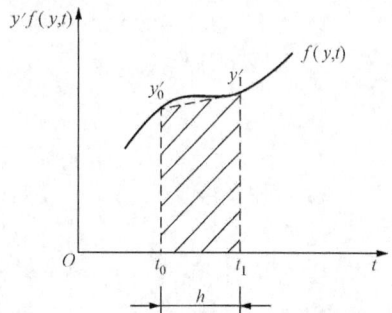

图 4-12　隐式梯形积分法示意图

$$= y_n + \frac{h}{2}\left[f(y_n,t_n) + f(y_{n+1},t_{n+1})\right] \tag{4-51}$$

这种数值积分方法称为梯形积分法。显然，这种方法属单步、隐式解法，$y_{n+1}$ 要通过求解方程（4-51）才能得到。这是一个关于 $y_{n+1}$ 的非线性差分代数方程，它与一般差分方程的区别在于方程中的参数随时间变化而变化，步长也可能变化。

隐式梯形积分法具有二阶精度、三阶截断误差，精度和改进欧拉法相当。对于典型的微分方程

$$\frac{\mathrm{d}y}{\mathrm{d}t} = \lambda y$$

梯形积分法的数值稳定条件为

$$\left|\frac{2+h\lambda}{2-h\lambda}\right| < 1$$

$h$ 为计算步长，相应的数值稳定域为 $(h,\lambda)$ 平面的左半平面如图4-13所示。

具有这种数值稳定域的积分方法被称为是 $A$-稳定的，不会误得到“系统稳定”的结果。这是隐式梯形积分法的主要优点之一，它使梯形积分法广泛应用于电力系统暂态稳定分析的微分方程数值求解，具有良好的精度和数值稳定性。隐式梯形积分法常和牛顿法相结合进行电力系统的暂态稳定分析。（一个求解初值问题的数值解法称为 $A$-稳定，是指它的绝对稳定区域包含了 $u=h\lambda$ 复平面的整个左半平面）。

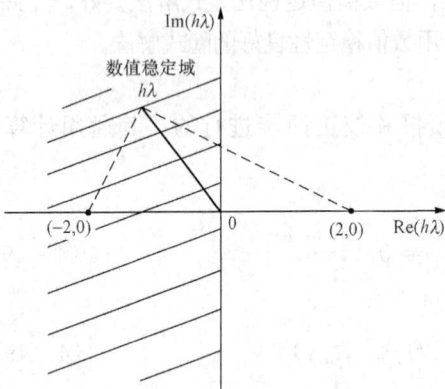

图4-13　梯形积分法的数值稳定域

# 第5章　电力系统数字仿真实验

电力系统数字仿真实验是将电力网络和电力元件建立数学模型，用数学模型在数字计算机上进行实验和研究的过程。实现数字仿真一般包括建立数学模型、建立数字仿真模型和仿真实验三个主要步骤。电力系统数字仿真应用广泛，主要有：研究用电力系统数字仿真，如电力系统电磁暂态计算程序（EMTP）、电力系统综合潮流程序（BPA），培训用电力系统数字仿真，如电力系统调度员培训仿真系统（DTS）、变电站培训仿真系统等。

## 5.1　电力系统电磁暂态仿真

电力系统发生故障或操作后，将产生复杂的暂态过程，电力系统暂态过程可分为电磁暂态过程和机电暂态过程，前者指的是暂态过程中各元件中电场和电磁场以及相应的电压和电流的变化过程，后者则主要指由于发电机和电动机电磁转矩的变化所引起的电动机转子机械运动的变化过程。电磁暂态过程和机电暂态过程同时发生并且相互影响，要对它们统一分析却十分复杂。由于两个暂态过程变化速度相差很大，在电力系统分析中通常近似地对它们分别进行处理。例如，在电磁暂态过程分析中，常不计发电机和电动机的转速变化，而在静态稳定分析等机电暂态过程分析中，则往往近似考虑或甚至忽略电磁暂态过程，只有在分析由发电机组轴系引起的次同步谐振现象，计算大扰动后轴系的暂态扭矩等问题中，才不得不同时考虑电磁暂态过程和机电暂态过程。

### 5.1.1　电力系统电磁暂态过程

电力系统中的电磁暂态过程是指各元件中电场和磁场以及相应的电压和电流的变化过程。电力系统中存在大量的电感、电容元件，如高压并联电抗器、变压器、输电线路、系统元件等，因此系统内部正常运行操作或发生故障后，都会产生电磁暂态过程。

电力系统中有非线性特性的避雷器、铁磁电感（如高压并联电抗器、变压器等）以及具有分布参数特性的输电线路等电磁元件，有时还需要考虑输电线路参数随频率变化的特性和线路发生电晕条件下的电磁特性等。此外还有 TCSC、SVC、STATCOM 等 FACTS 装置，因此，电力系统中的电磁暂态过程非常复杂。

电力系统电磁暂态过程仿真分析的主要目的是：分析和计算故障或操作后系统中可能出现的暂态过电压和过电流，以便对电力设备进行合理设计，确保已有设备能安全运行，并研究相应的限制和保护措施。此外，分析和研究直流系统控制保护特性以及交直流系统之间的相互影响时，也常需要进行电力系统电磁暂态的仿真。

### 5.1.2　电磁暂态仿真步长选择

电力系统中，存在各种频率范围的物理过程，如图 5-1 所示。图中的处理时间为频率的倒数。

在电力系统仿真中，选择合适的仿真步长是非常必要的，仿真步长太长有可能导致数值的不稳定，而仿真步长太短会使仿真时间增加，降低了仿真效率。一般地，仿真步长取处理

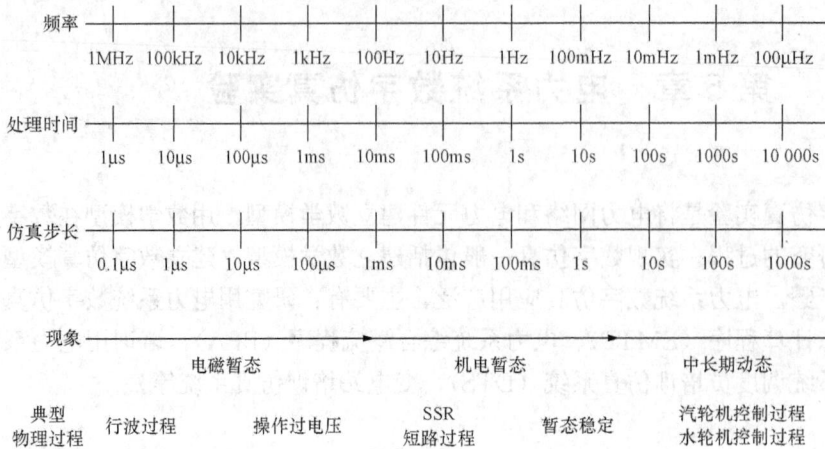

图 5-1　电力系统物理过程的频率范围与仿真步长

时间的 1/10。

电力系统电磁暂态仿真中，典型的仿真步长为 $10\sim50\mu s$，但对于交直流点火脉冲算法和 PSCAD/EMTDC 插值算法，仿真步长可取稍长的数值。比如 RTDS 采用了改进点火脉冲算法后，仿真步长取 $50\sim100\mu s$ 仍能得到较准确的仿真结果。

### 5.1.3　电磁暂态仿真算法

1. 常用的电磁暂态仿真程序采用的算法

电磁暂态仿真程序一般采用 Dommel 算法，通过隐式梯形积分法将描述电力系统的微分方程、偏微分方程化为差分方程。

在电力系统电磁暂态仿真中，纯电阻参数元件可以用代数方程来表示。对并联电抗器、并联或串联电容器、变压器等集中参数元件，则可以列出描述其暂态过程中电压和电流之间相互关系的常微分方程。然后通过隐式梯形积分法，可以将这些常微分方程在每个仿真步长 $\Delta t$ 内转换成相应的差分方程。这些差分方程描述了 $t$ 时刻的电压、电流与 $t-\Delta t$ 时刻的电压、电流之间的相互关系，而 $t-\Delta t$ 时刻的电压、电流是前一个步长的计算结果，对于本步长来说是已知量。进而，这些差分方程可以用一种由纯电阻和电流源构成的电路来代替，以反映 $t$ 时刻未知电压和电流之间的关系，其中的电阻决定于元件的参数和仿真的步长，而电源则决定于 $t-\Delta t$ 时刻的电压和电流值。这种电路称为暂态等值计算电路。

对于长输电线路等分布参数元件，其电压和电流之间的关系用偏微分方程来描述。对于单根导线并不计损耗的线路，$t$ 时刻线路两端电压、电流之间的关系可以由偏微分方程的解析解转换为用纯电阻和电流源构成的暂态等值计算电路，其中的电阻决定于线路参数，电流源的取值则决定于 $t-T$（$T$ 为线路上电磁波的传播时间）时刻的电压、电流。而对于有损线路，在作适当近似处理后仍可沿用类似的暂态等值计算电路。

以上方法只适用于元件参数为常数的情况，对于饱和电抗器、避雷器等非线性元件，需进行分段线性化或通过补偿法进行相应处理，然后确定其暂态等值计算电路。

这样，根据电力系统中各元件之间的实际接线，将它们的暂态等值计算电路进行相应的连接，便可组成一个带有已知电流源的纯电阻网络。通过对该网络进行各个仿真步长的递推计算法求解，可得系统整个暂态过程的数值解。

2. PSCAD/EMTDC 程序中的插值算法

在 PSCAD/EMTDC 程序中仿真步长在整个仿真过程中是保持固定的。但是晶闸管通断等开关性操作是随机的。也就是说，当仿真中开关性操作发生在两个整仿真步长时刻之间时，如果不采用插值算法，则程序在下一个整仿真步长时刻才会对该开关操作进行处理。下面以二极管为例介绍 PSCAD/EMTDC 程序如何利用插值（lnterpolation）算法处理开关操作。

图 5-2 中，PSCAD/EMTDC 程序没有采用插值算法。在第 1 个整仿真步长时刻（即时刻①）时，由 PSCAD/EMTDC 程序计算得的二极管电流为正，二极管导通。在第 2 个整仿真步长时刻（即时刻③）时，由 PSCAD/EMTDC 程序计算得的二极管电流为负，但这个信息直到下一个整仿真步长时刻（即时刻④）才被处理，将二极管关断。而二极管电流实际上是在第 1 个仿真步长和第 2 个仿真步长之间的时刻②处过零并关断的。二极管在 PSCAD/EMTDC 程序中的关断时刻（即时刻④）与其实际的关断时刻（即时刻②）误差至少是 1 个整步长，如果仿真步长采用 $50\mu s$，1 个步长的误差相当于工频周期（50Hz）中的 $0.9°$ 电角度，如此大的误差对直流系统仿真是难以接受的。

当 PSCAD/EMTDC 程序采用了插值算法时，它对开关性操作的处理如图 5-3 所示。图中，在第 2 个整仿真步长时刻（即时刻②）时，由 PSCAD/EMTDC 程序计算得的二极管电流为负，这时，程序将精确计算二极管的过零时刻，在计算得二极管过零时刻③后，PSCAD/EMTDC 程序将以仿真步长 $\Delta t$ 进行时刻④的仿真计算，之后再重新进行第 2 个整仿真步长时刻（即时刻⑤），也就是时刻②的仿真计算，然后，依次进行第 3 个仿真步长（即时刻⑥）及之后的仿真计算。

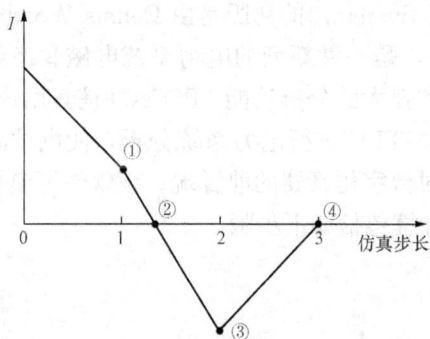

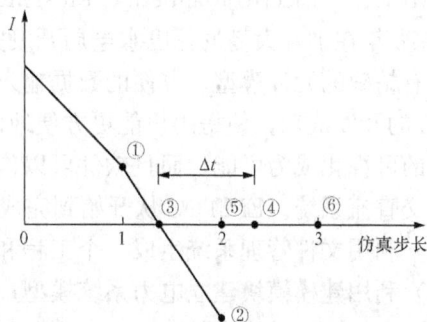

图 5-2　没有采用插值算法时二极管电流　　　图 5-3　采用插值法时二极管电流

由以上分析可见，由于 PSCAD/EMTDC 程序采用了插值算法，即使电压电流过零时，开关投切或晶闸管通断等物理过程发生在计算步长之内，PSCAD/EMTDC 程序能通过插值算法精确确定电压电流零点，开关投切以及晶闸管通断的时刻。比如，当仿真计算步长采用 $50\mu s$ 时，如果不采用插值算法，熄弧角的测量误差大约为 $1°$；如果采用插值算法，熄弧角的测量误差大约只有 $0.001°$。

### 5.1.4　电磁暂态仿真中各元件数学模型

1. 发电机模型

发电机的各种模型及其描述如本书第 4.2 节所述。在交流电力系统电磁暂态仿真中，发电机一般采用七阶模型。

### 2. 输电线路模型

输电线路各种模型及其特点如本书第4.7节所述。

在交直流电力系统电磁暂态仿真中，为了准确分析直流系统的动态特性，直流线路一般采用比较详细的模型。而对于交流线路，为了在满足仿真精度的前提下提高仿真的效率，往往采用稍为简单的模型，如贝瑞隆模型。

需指出的是，输电线路贝瑞隆模型的阻抗在基频下是精确的，而在高频时通常使交流系统的阻尼偏小。所以，仿真中采用贝瑞隆模型会使仿真结果偏悲观，即实际电力系统的特性往往要比系统仿真模型的特性更良好一些。

### 3. 变压器模型

在电力系统电磁暂态仿真中，变压器模型可分为两种：一种是传统模型，另一种是 UMEC（Unified Magnetic Equivalent Circuit）模型。传统模型中，变压器各相之间是独立的，并忽略了各相之间的相互影响。UMEC 模型则考虑了各相之间的相互影响。

另外，两种变压器模型在铁芯饱和的模拟方面有着根本的不同。传统模型中，变压器饱和通过在绕组中注入补偿电流来模拟，这可能会使各绕组的饱和程度不平衡。而在 UMEC 模型中，变压器饱和则根据 $\Phi$-$I$ 曲线来模拟，因而不会产生各绕组饱和程度不平衡的问题。

### 4. 负荷模型

在电力系统仿真中，负荷表示为数百或数千个用电设备（如电动机、照明器具等电气设备）的集合，其中也包括连接负荷用户与输电网络和发电厂的次输电和配电网络。负荷模型的介绍详见本书4.5节。

## 5.1.5　电磁暂态仿真软件 EMTDC

EMTDC（Electro-Magnetic Transient in DC System）的初版是由 Dennis Woodford 博士于1976年在加拿大曼尼托巴水电局开发完成的，是一种新型的电力系统电磁暂态计算程序，具有精确的元件模型、方便的数据输入方式和强大的分析功能。PSCAD 是其用户界面，PSCAD 的开发成功，使得用户能更方便地使用 EMTDC 进行电力系统分析，使电力系统复杂部分的可视化成为可能，而且软件可以作为实时数字仿真器的前置端。该软件可模拟任意大小的交直流系统。EMTDC 从开始到完成一次计算包括如下步骤：

（1）利用文件管理系统生成一个工程和算题名；

（2）利用建模模块建立电力系统模型；

（3）利用运行模块进行 EMTDC 模拟计算；

（4）通过单曲线绘图对模拟结果进行分析并利用多曲线绘图模块产生可直接用于研究报告的模拟结果图形。

EMTDC 仿真软件主要应用于以下几个方面：

（1）可以发现系统中断路器操作、故障及雷击时系统中出现的过电压；

（2）可对包含复杂非线性元件（如直流输电设备）的大型电力系统进行全三相的精确模拟，其输入、输出界面非常直观、方便；

（3）可以进行电力系统时域或频域的计算仿真；

（4）可以进行电力系统谐波分析及电力电子领域的仿真计算；

（5）可以实现高压直流输电、FACTS 控制器的设计。

## 5.2　电力系统机电暂态仿真

如图 5-4 所示为电力系统机电暂态稳定分析用全系统数学模型的框图。

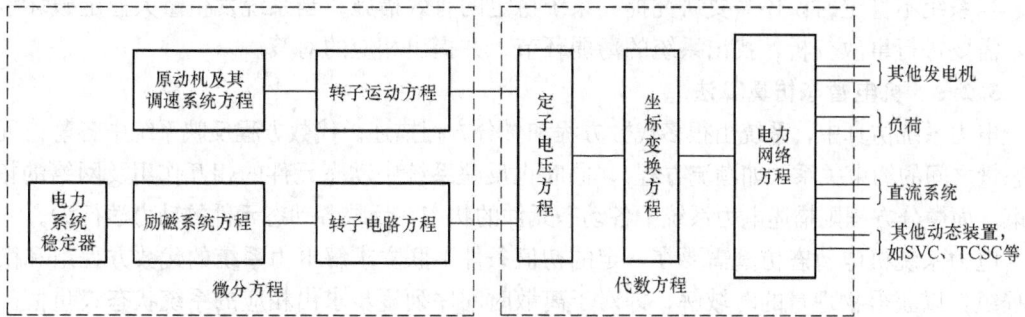

图 5-4　电力系统机电暂态稳定分析全系统数学模型的框图

### 5.2.1　机电暂态过程

在正常稳态运行的情况下，电力系统中各发电机组输出的电磁转矩和原动机输入的机械转矩平衡，所有发电机的转子速度保持恒定。但是电力系统经常遭受到一些冲击，例如发生各种短路故障，大容量发电机、大的负荷、重要输电设备的投入或切除等。在遭受大的干扰后，系统中除了经历电磁暂态过程外，也将经历机电暂态过程。由于系统的结构或参数发生了较大的变化，使得系统的潮流及各发电机的电磁功率也随之发生变化，从而破坏了原动机和发电机之间的功率平衡，在发电机转轴上产生不平衡转矩，导致转子加速或减速，从而使各个发电机的功率、转速之间的相对角度继续发生变化。

与此同时，由于发电机端电压和定子电流的变化，将引起发电机励磁调节系统的调节过程；由于机组转速的变化，将引起机组调速系统的调节过程；由于电力网络中母线电压的变化，将引起负荷功率的变化；网络潮流的变化也将引起一些其他控制装置（如 SVC、TCSC、直流系统中的换流器）的调节过程等。所有这些变化都将直接或间接地影响发电机转轴上的功率平衡状况。以上各种变化过程相互影响，形成了一个以各发电机转子机械运动和电磁功率变化为主体的机电暂态过程。

电力系统机电暂态仿真，主要是研究电力系统受到大扰动或小扰动后的暂态稳定性能。其中，暂态稳定分析主要研究电力系统受到诸如短路故障，切除线路、发电机、负荷，发电机失去励磁或者冲击性负荷等大扰动作用下，电力系统的动态行为和保持同步稳定运行的能力。

电力系统遭受大干扰后所发生的机电暂态过程可能有两种不同的结果。一种是电动机转子之间的相对角度随时间的变化呈摇摆（或振荡）状态，且横摆幅值逐渐衰减，各发电机之间的相对运动将逐渐消失，从而系统过渡到一个新的稳定运行状态，各发电机保持同步运行。这时称电力系统是暂态稳定的。另一种结局是在暂态过程中发电机转子之间始终存在着相对运动，使得各发电机转子间的相对角度随时间不断增大，最终导致这些发电机失去同步。这时称电力系统是暂态不稳定的。当一台发电机相对于系统中的其他发电机失去同步时，其转子将偏离额定转速运行，定子磁场（相应于系统频率）与转子磁场之间的滑动将导致发电机输出功率、电流和电压发生大幅度摇摆，使得一些发电机和负荷被迫切除，严重情况下甚至导致系统的瓦解。

电力系统正常运行的必要条件是所有发电机保持同步。因此，电力系统的大干扰稳定性分析，就是分析遭受大干扰后系统中各发电机维持同步运行的能力，常称为系统的机电暂态稳定分析。对电力系统的机电暂态稳定分析通常仅涉及系统在短期（约 10s）之内的动态行为。当系统不稳定时，还需要研究提高系统稳定的有效措施；当系统发生重大稳定破坏事故时，需要进行事故分析，找出系统的薄弱环节，并提出相应的对策。

### 5.2.2 机电暂态仿真算法

电力系统仿真中，系统由很多代数方程和微分方程描述。代数方程反映系统中各静态元件状态量之间的约束关系（如潮流方程），同时也反映系统中动态元件的相互作用及网络的拓扑约束。而微分方程则描述电力系统中各动态元件的状态，反映各动态元件的动力学行为。

电力系统机电暂态仿真需要在一定的初值条件下联立求解电力系统的代数方程组和微分方程组，以获得物理量的时域解，即对于离散时间序列逐步求出相应的系统状态矢量值。

对于仿真中代数方程和微分方程的求解，不同的机电暂态仿真程序常采用不同的算法。

代数方程的求解方法主要有：进行迭代求解的牛顿-拉夫逊法、基于导纳矩阵形式的高斯-塞德尔法和基于稀疏三角分解的直接解法。

微分方程的求解方法主要有显式积分法和隐式积分法。欧拉法、预报-校正法（P-C法）和龙格-库塔法（R-K法）都属于显式积分法。采用显式积分法的突出优势是不需要迭代，这使得系统状态方程的复合求解容易实现。显式积分法的主要缺点在于它们不是数值 A-稳定的，具有较弱的数值稳定性。对于刚性系统，除非使用小步长，否则难以保持数值稳定性。所谓系统的刚性，是与系统模型的时间常数的范围相关，它由最大与最小时间常数之比来衡量。更精确地，它由线性化系统的最大与最小特征值之比来衡量。刚性问题在暂态稳定仿真中随模型详细程度而增加，在电力系统模型中，并不是所有时间常数都易显示出来，因而刚性可能隐藏起来。

电力网络用基于复阻抗的代数方程（$I=YU$）描述。在电力系统机电暂态仿真中，每个仿真步长内必须同时求解代数方程和微分方程，按照微分方程和代数方程的求解顺序可分为交替解法和联立解法。各物理量采用有效值方式进行计算，系统是一个纯基波模型。

### 5.2.3 机电暂态仿真中各元件数学模型

1. 发电机模型

在电力系统仿真中，发电机所采用模型根据研究目的的不同而有所不同。七阶模型是最详细的发电机模型，但对于含有上百台发电机的电力系统，如果每台发电机采用七阶模型，若再加上其励磁系统、调速器和原动机的动态方程，则将会出现"维数灾"，给电力系统的分析计算带来极大的困难。因此，在电力系统机电暂态仿真中，常对发电机的数学模型做不同程度地简化，以便在满足电力系统仿真精度要求的情况下提高仿真效率。模型选取原则见本书 4.3 节。

2. 输电线路模型

输电线路各种模型及其特点如本书 4.7 节所述。电力系统机电暂态仿真中，输电线路一般采用基频下的集中参数模型，从而可以用代数方程来描述输电线路，实现全系统的机电暂态仿真。

3. 变压器模型

电力系统机电暂态仿真中，变压器一般采用准稳态模型。

4. 负荷模型

电力系统机电暂态仿真中，负荷模型一般用准稳态模型表示，为恒阻抗、恒电流和恒功率负荷的组合。

### 5.2.4　机电暂态仿真软件 PSS/E

目前，国内常用的机电暂态仿真程序是电力系统综合程序 PSASP 和中国版 BPA 电力系统分析程序。国际上常用的有美国 PTI 公司的 PSS/E、美国 EPRI 的 ETMSP 以及国际电气产业公司开发的程序，如 ABB 的 SYMPOW 程序、德国西门子的 NETOMAC 等也具有机电暂态仿真功能。以下简要介绍 PTI 公司的 PSS/E 仿真软件。

PSS/E（Power System Simulator for Engineering）是美国电力技术公司（简称 PTI，现已并入西门子输配电集团，称为 Siemens PTI）开发的商业软件，是一个集稳态和暂态分析于一体的通用计算平台，具有强大的仿真功能并且提供了高效方便的二次开发功能，已被广泛地应用于世界各国 700 多个组织和单位。该软件最早由我国华东电网调度局于 20 世纪 90 年代后期引入，目前已在电力相关部门、科研机构和高等院校得到广泛应用。PSS/E 除了超大的仿真规模、灵活的模型自定义功能、强劲的交互式计算过程控制等显著优点外，还具有以下特点。

（1）在进行稳定计算的过程中，可以随时暂停计算，然后再启动继续计算。在每次进行计算时，可以确定下次暂停的时间，以便对计算进行干涉或加入扰动（例如切机、短路等）。

（2）可以对同步电动机和感应电动机作参数估计，用估计的参数进行有关曲线的仿真计算并与出厂曲线进行比较，确定用于稳定计算的参数，以保证计算与实际情况尽量吻合。

（3）可以进行励磁系统和调速系统空载阶跃仿真计算，以检查励磁系统和调速系统参数的合理性。

（4）提供了自带的 IPLAN 编程语言，可编程控制仿真计算过程。

（5）可以自由选择输出变量，并对其进行监视、绘图或进行比较。

（6）绘图软件具有算术运算及分析功能。

（7）提供了丰富的模型库。有较丰富的发电机、励磁系统、调速系统及电力系统稳定器模型，有详细的负荷、无功补偿模型，有低频、距离、过流及其他保护的模型。此外还包括 UPFC、STATCON、CEBS、SMES 在内的许多 FACTS 控制器和基于电压源换流器的 VSC 等最新电力技术，提供了详细的直流系统模型以适应不同的仿真。

（8）提供了强大的数据纠错检查调试功能，通过 DOCU、STRT/RUN、VCV、ESTR/ERUN、GSTR/GRUN 等命令项有效纠错，大大简化了调试过程。

（9）用户可以自定义任何控制系统的模型，用户自定义模型功能较强大。

（10）可以用命令进行交互式运行或用命令组成批文件运行。

（11）可以进行多至 750 个状态变量的特征根计算。

（12）采用高效算法，计算速度快。

（13）可进行电力系统暂态仿真和中长期动态仿真。

## 5.3　电力系统的中长期过程仿真

电力系统的不断发展，大范围高电压等级网络的互联，使得原来分散的电力系统向全国联网方向发展。随着系统容量和地理范围的不断扩大，系统的结构和运行方式越来越复杂，特别是远距离、大功率输电线路和系统间弱联系的出现增加了事故发生的几率。如在大的互联电力系统中，由于动态特性的影响，一些扰动或故障（例如继电保护误动作、运行人员误操作、恶劣天气导致线路切除或设备故障导致线路切除等）的发生，会造成系统发电量和负荷量的不平衡。如果没有采取校正措施，会导致系统电压和频率偏离正常值，发电机跳闸，最终导致电力系统解列，出现孤立的地区性网络。这类事故在大型电力系统中所经历的时间较长，电压和频率的变化范围较大，涉及的电力系统元件较多，称其为长过程动态特性。

通常将电力系统动态过程分为三部分：暂态过程、中期动态过程、长期动态过程。其中暂态现象持续 $0\sim10s$，中期现象持续 10s 至几分钟，而长过程现象持续几分钟至十几分钟。需要指出的是，暂态与中长期过程的区别主要在于所研究的现象和所研究系统的含义，特别是瞬时暂态和机间振荡，而不是所持续时间的长短。

因此，中期和长期动态稳定主要研究电力系统遭受严重扰动后的动态响应问题，即分析在系统的电压、频率和潮流发生重大偏移以及可能导致系统被分离成几个孤立的子系统时电力系统能否稳定运行。

### 5.3.1 中长期动态仿真必要性

电力系统遭受大干扰是人们所不希望的，但事实上又是无法避免的。系统在遭受大干扰后失去稳定的后果往往非常严重，甚至是灾难性的。事实上电力系统遭受到的各种大干扰，诸如短路故障，大容量发电机、大的负荷、重要输电设备的投入或切除等都是以一定的概率随机发生的，因此系统额定运行方式的制定总是需要保证系统在合理选择的预想事故下能够保持稳定，而不能要求电力系统能承受所有干扰的冲击。由于各国对系统稳定性的要求不同，因此对预想事故的选择也就有不同的标准。我国对系统稳定性的要求反映在《电力系统安全稳定导则》中。

为了分析电力系统中的中长期动态稳定问题，要进行电力系统中长期动态仿真。电力系统中长期动态仿真的主要目的为：

（1）检验各控制和保护系统之间相互协调的正确性，校核后备保护定值；

（2）对切机、切负荷等安全稳定措施进行考核和评估；

（3）严重故障后的事故调查和分析；

（4）进行严重事故预想，研究中长期失稳的预防措施；

（5）进行运行和调度人员的培训；

（6）研究紧急无功支援的有效性；

（7）研究旋转备用和旋转备用机组的安排和分布；

（8）研究自动发电控制策略。

由于中长期稳定和电压稳定之间存在重叠，中长期稳定仿真很适合于电压稳定的动态分析。

### 5.3.2 中长期动态仿真算法

电力系统中长期动态稳定计算也是联立求解描述系统动态元件的微分方程组和描述电力网络特性的代数方程组，以获得电力系统长过程动态的时域解。

早期的中长期动态仿真程序，为提高计算效率，仅考虑慢速现象而忽略快速暂态过程，因此采用显式积分技术。

目前常用的中长期动态仿真程序一般既模拟慢速现象也模拟快速暂态过程，需采用隐式积分法；因为隐式积分法数值稳定，而且即使微分方程的刚性较强也不会影响数值稳定性。梯形积分法和基尔型（Gear-type）反向微分法都属于隐式积分法。在电力系统中长期动态稳定程序中，为避免计算时间过长，一般都采用自动变步长计算技术。在此就不多作介绍。

### 5.3.3　长期动态仿真模型

在中长期稳定仿真中，除了包括暂态稳定仿真中应用的模型外，还要计入在一般暂态稳定仿真过程中不考虑的电力系统长过程和慢速的动态特性，如下所列。

（1）在发电机模型方面，模拟了火电机组的锅炉动态过程及控制、水电机组进水管和导管的动态、发电机过励保护和无功功率限制、自动发电控制等。

（2）在变压器模型方面，模拟了带负荷调压变压器分接头控制、变压器饱和、变压器过载等。

（3）在线路模型方面，模拟了线路过载、恶劣天气或设备故障导致线路切除等。

（4）在负荷模型方面，模拟了负荷变化、恒温负荷影响、非额定频率或电压变化情况下

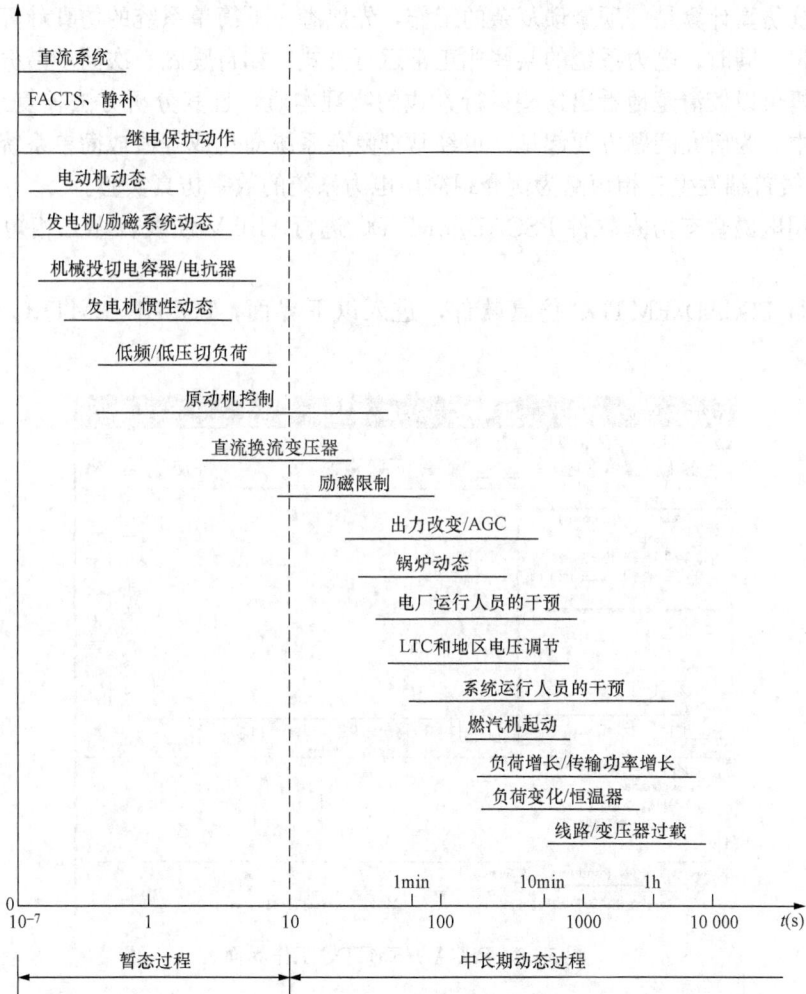

图 5 - 5　电力系统元件与控制系统动态响应的时间范围

的负荷特性等。

（5）另外，还需考虑宽时间范围保护和控制系统、继电保护误动作、运行人员误操作等。中长期动态稳定仿真所包含的典型电力系统元件与控制系统可参见图 5 - 5。

### 5.3.4 中长期动态仿真软件

目前，国内外应用的中长期动态仿真程序主要有法国电力公司开发的 EUROSTAG 程序、美国电科院的 LTSP 程序、美国通用电气公司和日本东京电力公司共同开发的 EXTAB 程序。另外，美国 PTI 公司的 PSS/E 程序、捷克电力公司的 MODES 程序和德国西门子公司的 NETOMAC 程序等也具有中长期动态稳定仿真计算功能。

最近，中国电力科学研究院系统所开发了一套电力系统全过程动态仿真程序（FDS），它不仅可进行暂态稳定仿真计算，也可进行电力系统的中长期动态稳定仿真。

## 5.4 简单电力系统的数字仿真实验

电力系统仿真计算是一项繁琐复杂的工作，先熟悉一下简单系统的仿真计算可以获得必要的基础知识。同时，电力系统的某些非正常运行方式：如自励磁、次同步谐振等，用简单系统加以分析可以较清楚地看出这些运行方式的物理本质，且其分析方法较复杂系统简洁。在实际工作中，为研究问题方便起见，也经常把复杂系统简化或等值成简单系统。下面以某一 110kV 馈线首端发生三相短路为例介绍简单电力系统的数字仿真实验。

以下是用电磁暂态仿真软件 PSCAD/EMTDC 进行 110kV 馈线首端三相短路故障模拟的具体步骤。

（1）运行 PSCAD/EMTDC 仿真软件，进入以下界面，PSCAD/EMTDC 工作界面如图 5 - 6所示。

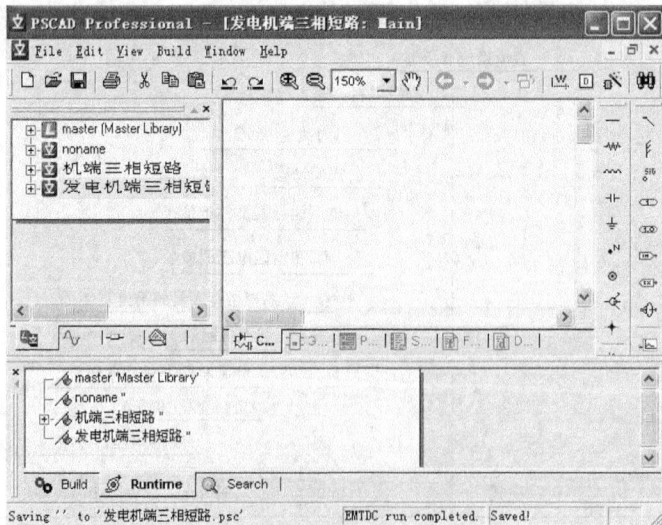

图 5 - 6 PSCAD/EMTDC 工作界面

（2）打开 Master（Master Library）元件库，复制所需元件，比如选取一个同步发电机，粘贴到工作界面的空白处，设置发电机参数，如图 5 - 7 所示。

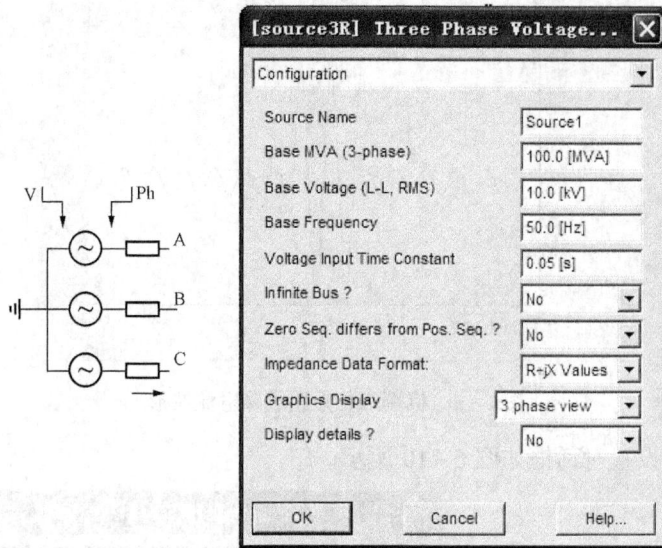

图 5-7　发电机参数对话框

（3）建立仿真模型。重复步骤（2），相应的建立所需元件，如变压器、架空线路、负荷、输出显示模块、故障设置模块的参数，建立仿真模型，如图 5-8 所示。

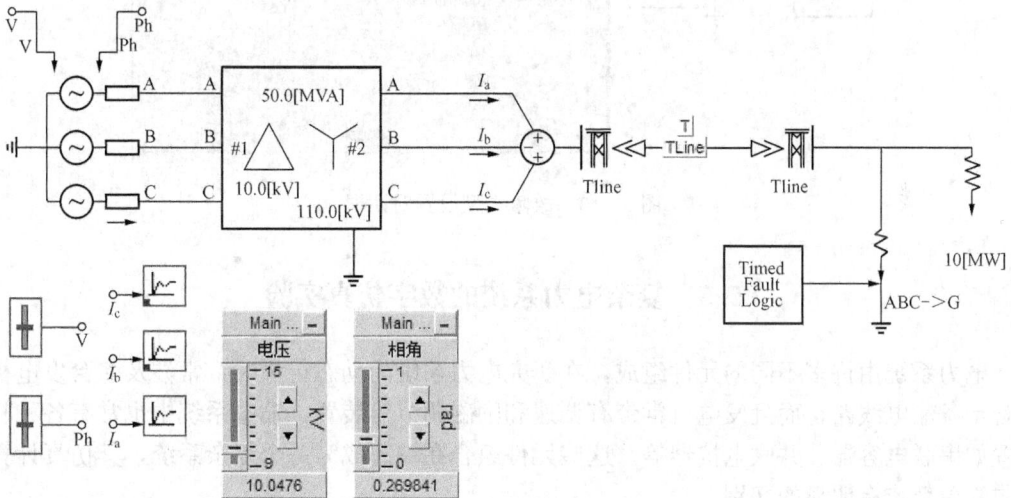

图 5-8　一次系统模型搭建

（4）仿真步长和运行时间的设置。在工作界面上右击弹出设置窗口，单击 project settings 进行仿真步长的设置。仿真步长一般选取其默认值 $50\mu s$，仿真时间则视具体情况而定，本实验取 1s。

（5）故障设置。模拟故障为某一 110kV 馈线首端发生三相接地故障，故障发生在 0.318s 时刻，持续时间为 0.05s。

（6）运行仿真模型，保存仿真结果。机端三相短路故障电流波形如图 5-9 所示。

（7）当需要改变故障类型时，如模拟两相短路故障，只需要对故障设置模块进行相关设

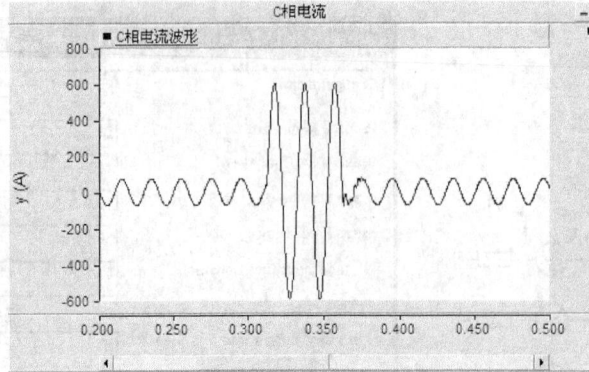

图 5-9 机端三相短路故障电流波形

置即可。故障类型设置对话框如图 5-10 所示。

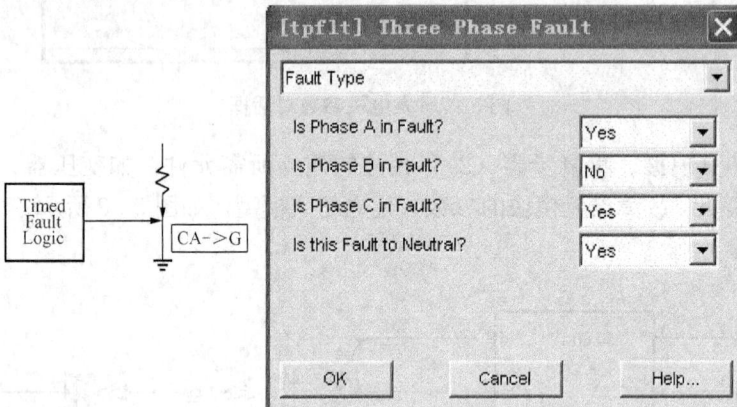

图 5-10 故障类型设置对话框

## 5.5 复杂电力系统的数字仿真实验

电力系统由许多不同的元件组成，在研究电力系统的动态行为时，常涉及多台发电机组和若干条输电线路，而且发电机常带有调速和励磁调节等装置，输电系统中也常有各种补偿装置如串联电容器、并联电抗器等。这些元件组合在一起成为一个复杂系统，其仿真计算方法与简单系统有明显的区别。

### 5.5.1 机-网接口

将发电机方程进行适当的坐标变换，并将变换后的方程并入网络方程以求解全系统的电压列相量，这一过程称为机-网接口。

1. 同步发电机的端口方程

在第 4 章中介绍过的同步发电机 $E'_q$ 恒定模型，其动态过程方程组为

$$\left.\begin{aligned} u_d &= p\psi_d - \psi_q - ri_d \\ u_q &= p\psi_q + \psi_d - ri_q \\ \psi_d &= E'_q - x'_d i_d \\ \psi_q &= -x_q i_q \end{aligned}\right\} \tag{5-1}$$

将式（5-1）中下两式代入上两式，消去磁链变量 $\psi_d$、$\psi_q$ 得

$$\left.\begin{array}{l} u_d = -x'_d pi_d - ri_d + x_q i_q \\ u_q = E'_q - x'_d i_d - ri_q - x_q pi_q \end{array}\right\}$$

上式经差分化整理后，即得 $d$、$q$、0 坐标系统下的端口方程。

2. 坐标变换

发电机的端口方程是 $d$、$q$、0 坐标系统中的方程，为了与网络接口，必须把它转换至 $\alpha$、$\beta$、0 坐标系统中。转换公式为

$$\begin{bmatrix} u_d \\ u_q \end{bmatrix} = \begin{bmatrix} \cos\gamma & \sin\gamma \\ -\sin\gamma & \cos\gamma \end{bmatrix} \begin{bmatrix} u_\alpha \\ u_\beta \end{bmatrix} \tag{5-2}$$

$$\begin{bmatrix} i_d \\ i_q \end{bmatrix} = \begin{bmatrix} \cos\gamma & \sin\gamma \\ -\sin\gamma & \cos\gamma \end{bmatrix} \begin{bmatrix} i_\alpha \\ i_\beta \end{bmatrix} \tag{5-3}$$

式中：$\gamma = t + \tau - \dfrac{\pi}{2}$，将以上两式代入同步发电机的端口方程中可得

$$\begin{bmatrix} i_\alpha(t) \\ i_\beta(t) \end{bmatrix} = \begin{bmatrix} \cos\gamma & -\sin\gamma \\ \sin\gamma & \cos\gamma \end{bmatrix} \begin{bmatrix} A_{G_{11}} & A_{G_{12}} \\ A_{G_{21}} & A_{G_{22}} \end{bmatrix} \begin{bmatrix} \cos\gamma & \sin\gamma \\ -\sin\gamma & \cos\gamma \end{bmatrix} \begin{bmatrix} u_\alpha(t) \\ u_\beta(t) \end{bmatrix}$$

$$+ \begin{bmatrix} \cos\gamma & -\sin\gamma \\ \sin\gamma & \cos\gamma \end{bmatrix} \begin{bmatrix} B_{G_1} \\ B_{G_2} \end{bmatrix}$$

$$= \begin{bmatrix} A'_{G11} & A'_{G12} \\ A'_{G21} & A'_{G22} \end{bmatrix} \begin{bmatrix} u_\alpha(t) \\ u_\beta(t) \end{bmatrix} + \begin{bmatrix} B'_{G1} \\ B'_{G2} \end{bmatrix} \tag{5-4}$$

式（5-4）即为 $\alpha$、$\beta$、0 坐标系统中发电机与网络的接口方程。

3. 发电机-变压器与网络的接口

发电机-变压器组可等效为图 5-11 所示的形式。显然，等值前后零序网络并不改变。在 $\alpha$、$\beta$ 网络中，变压器支路仅以一条 $R$-$L$ 支路代替，而理想变压器 $k$-$k'$ 被看做是发电机的一部分。在机-网接口中应计及理想变压器的移相作用和变比 $k^*$。

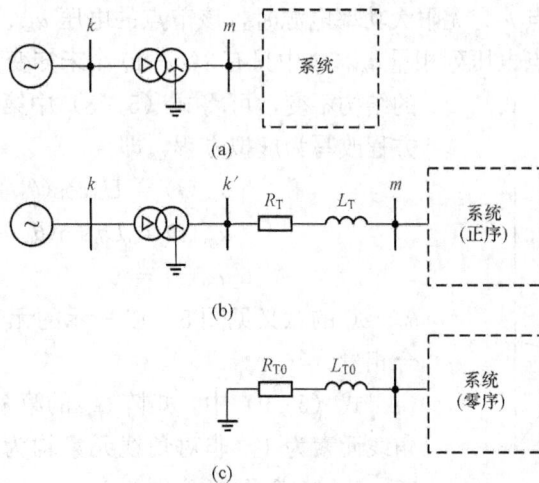

图 5-11　发电机-变压器组的等值电路

（a）接线图；（b）正序网络；（c）零序网络

由发电机端口方程、式（5-2）、式（5-3）和变压器两侧的电量转换关系可得

$$\begin{bmatrix} u_d(t) \\ u_q(t) \end{bmatrix} = \frac{1}{k^*}\begin{bmatrix} \cos\left(\gamma-\frac{\pi}{6}\right) & \sin\left(\gamma-\frac{\pi}{6}\right) \\ -\sin\left(\gamma-\frac{\pi}{6}\right) & \cos\left(\gamma-\frac{\pi}{6}\right) \end{bmatrix}\begin{bmatrix} u_{k'\alpha}(t) \\ u_{k'\beta}(t) \end{bmatrix} \tag{5-5}$$

$$\begin{bmatrix} i_d(t) \\ i_q(t) \end{bmatrix} = k^*\begin{bmatrix} \cos\left(\gamma-\frac{\pi}{6}\right) & \sin\left(\gamma-\frac{\pi}{6}\right) \\ -\sin\left(\gamma-\frac{\pi}{6}\right) & \cos\left(\gamma-\frac{\pi}{6}\right) \end{bmatrix}\begin{bmatrix} i_{k'\alpha}(t) \\ i_{k'\beta}(t) \end{bmatrix} \tag{5-6}$$

将式（5-5）、式（5-6）代入同步发电机的端口方程式中，即得发电机-变压器组与网络的接口方程

$$\begin{bmatrix} i_{k'\alpha}(t) \\ i_{k'\beta}(t) \end{bmatrix} = \begin{bmatrix} A'_{G11} & A'_{G12} \\ A'_{G21} & A'_{G22} \end{bmatrix}\begin{bmatrix} u_{k'\alpha}(t) \\ u_{k'\beta}(t) \end{bmatrix} + \begin{bmatrix} B'_{G1} \\ B'_{G2} \end{bmatrix} \tag{5-7}$$

可见，理想变压器并入发电机后，并没有使机-网接口过程复杂化。

4. 无限大功率电源的处理方法

$\alpha$、$\beta$、0 坐标系中，三相系统的导纳矩阵为

$$\begin{bmatrix} G_{11} & G_{12} & \cdots & G_{1n} \\ G_{21} & G_{22} & \cdots & G_{1n} \\ \vdots & \vdots & \cdots & \cdots \\ G_{n1} & G_{n2} & \cdots & G_{nn} \end{bmatrix}\begin{bmatrix} u_{1\alpha\beta0}(t) \\ u_{2\alpha\beta0}(t) \\ \vdots \\ u_{n\alpha\beta0}(t) \end{bmatrix} = \begin{bmatrix} i_{1\alpha\beta0}(t) \\ i_{2\alpha\beta0}(t) \\ \vdots \\ i_{n\alpha\beta0}(t) \end{bmatrix} - \begin{bmatrix} I_{1\alpha\beta0} \\ I_{2\alpha\beta0} \\ \vdots \\ I_{n\alpha\beta0} \end{bmatrix} \tag{5-8}$$

可简写为

$$\boldsymbol{G}_{\alpha\beta0}(t)\boldsymbol{u}_{\alpha\beta0}(t) = \boldsymbol{i}_{\alpha\beta0}(t) - \boldsymbol{I}_{\alpha\beta0} \tag{5-9}$$

式（5-8）中列相量 $\boldsymbol{i}_{\alpha\beta0}(t)$ 为各节点的注入电流。处理方法为用端电压表示注入电流以消去未知变量 $i_\alpha(t)$、$i_\beta(t)$。但对理想的无限大功率电源，其注入网络的电流无法以其端电压表示，因而不能沿用机-网接口的方法。

事实上，当某一节点 $k$ 为无限大功率电源时，该节点的电压 $u_{k\alpha}$、$u_{k\beta}$、$u_{k0}$ 在任何时刻均为已知量，因此网络节点电压列相量 $\boldsymbol{u}_{\alpha\beta0}(t)$ 中只有 $3(n-1)$ 个未知变量。为了保持网络方程的结构不变，可将式（5-8）中第 $3k-2$、$3k-1$、$3k$ 个方程改写为虚拟方程，即

$$\left.\begin{aligned} u_{k\alpha}(t) &= U_0\cos(\theta_0+\omega_0 t) \\ u_{k\beta}(t) &= U_0\sin(\theta_0+\omega_0 t) \\ u_{k0}(t) &= 0 \end{aligned}\right\} \tag{5-10}$$

$\theta_0$、$\omega_0$ 的意义见图 5-12 所示的无穷大功率电源的电压综合相量。

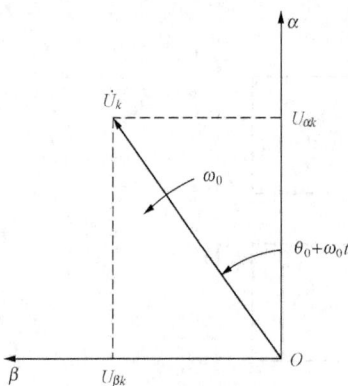

图 5-12 无限大功率电源的电压综合相量

式（5-9）中，矩阵 $\boldsymbol{G}_{\alpha\beta0}$ 的第 $3k-2$、$3k-1$、$3k$ 行对角线元素为 1，非对角线元素均为 0，$\boldsymbol{I}_{\alpha\beta0}$ 中的第 $3k-2$、$3k-1$、$3k$ 个元素分别为 $U_0\cos(\theta_0+\omega_0 t)$、$U_0\sin(\theta_0+\omega_0 t)$、0，$\boldsymbol{i}_{\alpha\beta0}(t)$ 中的 $3k-2$、$3k-1$、$3k$ 个元素为零，这样就可以求解网络节点电压列相量 $\boldsymbol{u}_{\alpha\beta0}(t)$。$U_0$、$\theta_0$ 由

初值计算给出。

### 5.5.2　机电暂态仿真软件 PSS/E 模拟四机两区系统三相短路实验举例

使用 PSS/E 进行电力系统动态仿真的步骤如下。

(1) 建立仿真所用四机两区域系统模型，四机两区域系统电路图如图 5 - 13 所示。

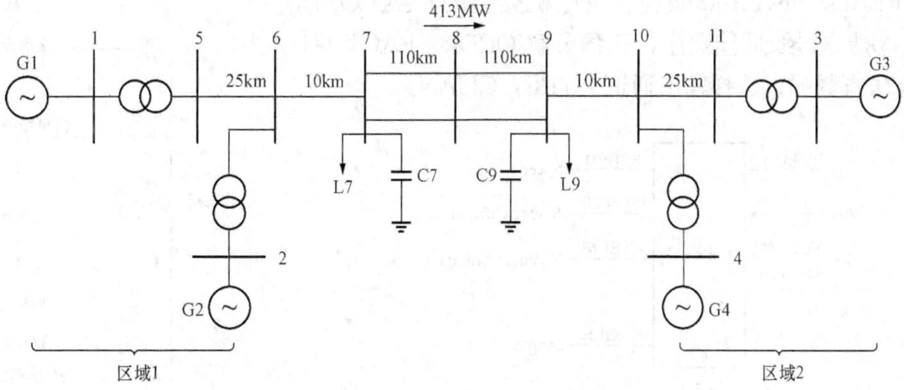

图 5 - 13　四机两区域系统结构图

如图 5 - 13 所示，该系统是由两条 220km 长、230kV 线路连接的两个完全对称的区域组成。尽管它的规模很小，但它能很接近地模仿真实运行的典型系统。每个区域有两台耦合的等值发电机组，每台机组的额定容量为 900MVA，额定电压为 220kV。除了惯性不同，区域 1 中 $H=6.5s$，区域 2 中 $H=6.175s$，这些同步电动机有相同的参数。

(2) 潮流界面输入潮流计算数据。在图 5 - 14 所示的界面中输入母线、支路、发电机、负荷、变压器等相关数据，进行潮流计算，若潮流收敛，且误差在允许范围内，则进入下一步。

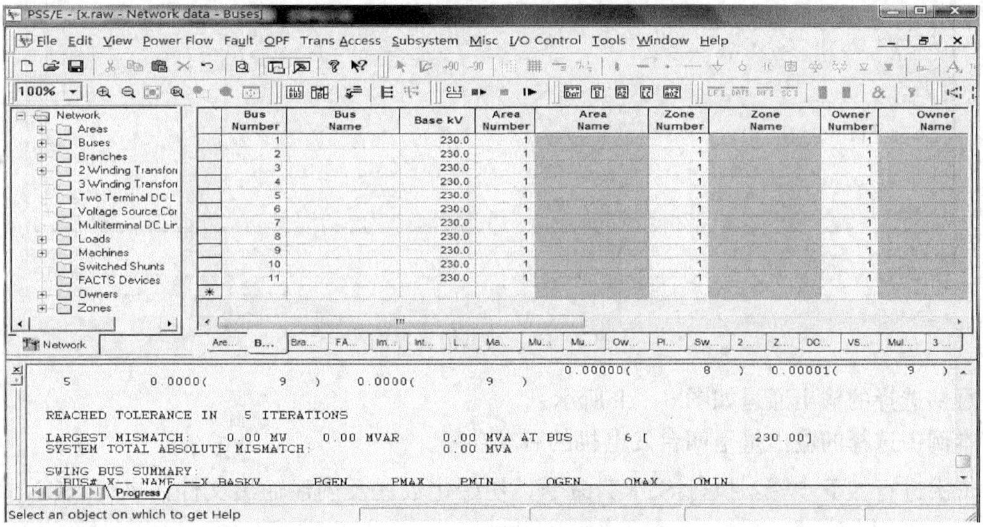

图 5 - 14　潮流输入界面

(3) 准备系统的动态数据：如发电机、调速器、励磁器模型的相关数据。如果发电机选用 GENSAL 模型，则其模块如图 5 - 15 所示。

所需写入的发电机数据格式为：

IBUS,$'$GENSAL$'$,I,$T'_{do}$,$T''_{do}$,$T''_{qo}$,H,D,$X_d$,$X_q$,,$X'_d$,$X''_d$,$X_l$,S(1,0),S(1,2)/

（4）进行动态仿真，过程框图如图 5-16 所示。

上述过程的实现需要在动态仿真界面如图 5-17 所示，输入一系列的功能命令。要实现的功能主要有：①潮流计算 LOFL，READ，FNSL；②负荷、发电机类型的转换 CONL，CONG；③建立母线最佳顺序，三角分解 ORDR，FACT；④读入动态仿真数据，选择输出通道 DYRE，CHAN。

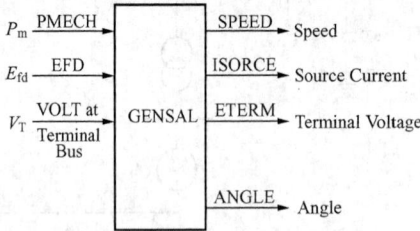

图 5-15　发电机的 GENSAL 模型

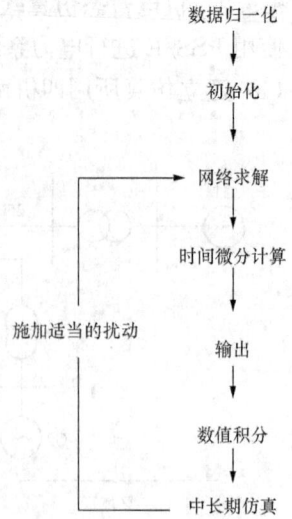

图 5-16　动态仿真的过程框图

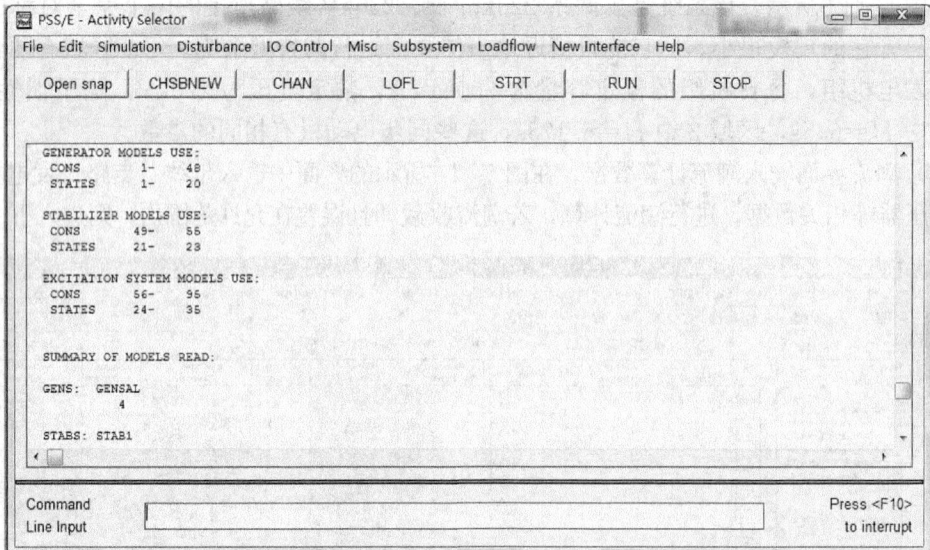

图 5-17　动态仿真界面

可供选择的输出通道如图 5-18 所示。

本例中选择的输出量是四台发电机的有功功率。

依次进行如下步骤：执行 STRT 命令，初始化数据及创建输出文件；执行 RUN 命令，设置仿真时间，仿真步长加入扰动执行 ALTR 命令。

本例中设置的扰动是先将母线 7 三相短路，0.1s 后切除短路故障，再断开 7、8 支路中的一条。具体步骤是先设置母线 7 处的电纳 B 为无穷大，运行 0.1s，再设置 B 为 0，最后设置 7、8 支路状态为 0（即断开），再设置仿真时间为 60s 进行动态仿真。

```
ENTER OUTPUT CATEGORY:
  0 = EXIT            1 = ANGLE          2 = PELEC
  3 = QELEC           4 = ETERM          5 = EFD
  6 = PMECH           7 = SPEED          8 = XADIFD
  9 = ECOMP          10 = VOTHSG        11 = VREF
 12 = BSFREQ         13 = VOLTAGE       14 = VOLT & ANG
 15 = FLOW (P)       16 = FLOW (P&Q)    17 = FLOW (MVA)
 18 = RELAY2 (R&X)   19 = VAR           20 = STATE
 21 = MACH ITERM     22 = MACH APP IMP  23 = VUEL
 24 = VOEL           25 = PLOAD         26 = QLOAD:
```

图 5-18　输出通道选择

（5）仿真波形的输出。在图 5-19 所示的仿真波形选择界面上写入输出文件、输出时间范围、通道等，最后得到输出通道波形如图 5-20 所示。

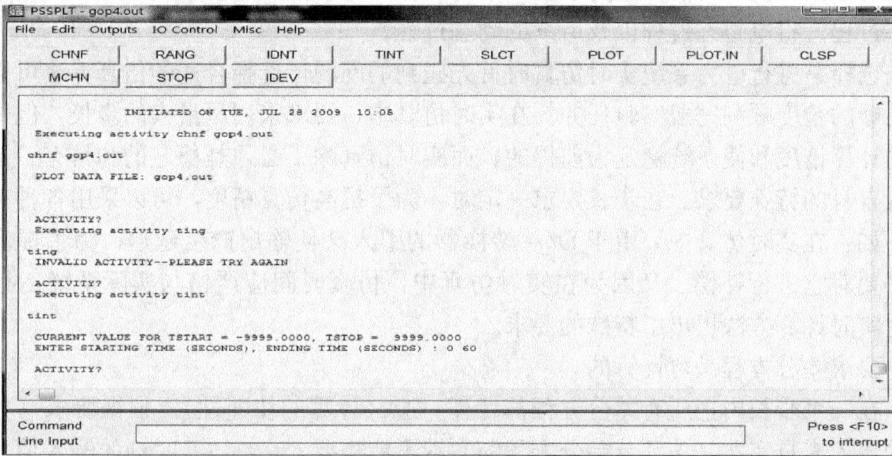

图 5-19　仿真波形选择界面

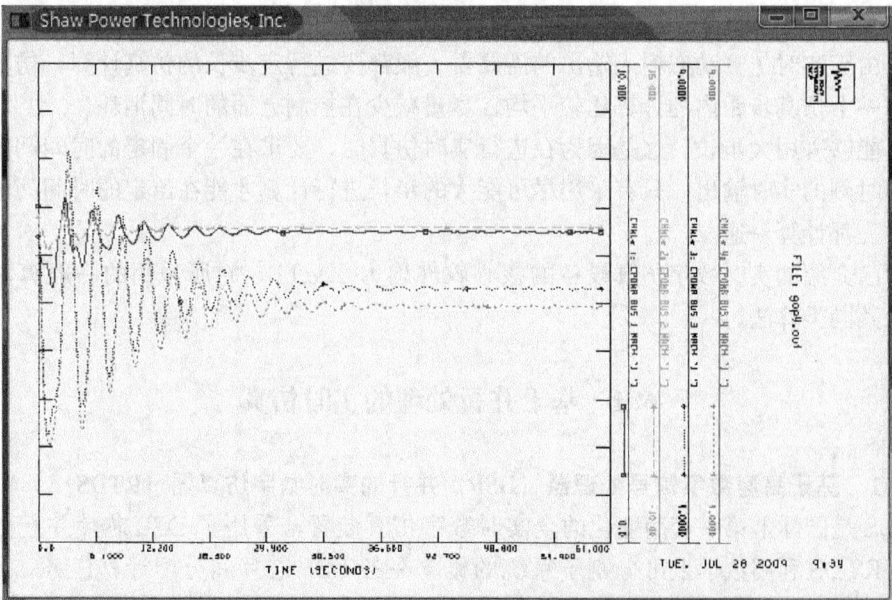

图 5-20　发电机 1，2，3，4 的有功功率曲线

# 第6章  电力系统实时仿真技术与实验

电力系统仿真技术是以相似原理、信息技术、系统理论及其电力系统相关的专业技术为基础，以计算机和各种物理设备为工具，利用电力系统模型对实际的或设想的系统进行实验研究的一门综合性技术。若有实物系统接入仿真系统，必须要求其仿真速度与电力系统的实际动态过程完全一致，这种仿真称为电力系统实时仿真。

实时仿真能在一个计算步长内计算完成实际电力系统在该段时间内的动态过程响应情况，并完成数据转换。目前，电力系统实时仿真在一定程度上能够做到统一模拟电力系统的电磁暂态过程、机电暂态过程以及后续的动态过程。

算法选择是进行电力系统实时仿真时首先碰到的问题，选择合适的仿真算法可以使实时仿真以足够的精度顺利完成实验任务。在实时仿真中，要求采用尽量大的步长，但这是以达到要求的计算精度和使系统稳定为前提的。而实时仿真除了必须是稳定的和具有一定的精度外，还有自身的特殊要求。在步长要求一定时，为了提高仿真精度，可以采用各种补偿以减少误差。如：在实时仿真中，由于 D/A 转换器的引入会使输出产生延迟，为了提高仿真精度，有必要对它进行补偿。又因为在实时仿真中，仿真时间应严格与实际系统运行时间相等，故对实时计算方法提出了特殊的要求。

（1）要求差分方程是可计算的。

（2）在一个步长内把所有差分方程都计算一遍（计算的快速性）。根据要求（1），如果某环节的输入来自实物，该环节差分方程的右端不能需要 $(K+1)T$ 时刻的输入值，即计算一开始必须得到该环节的输入，可见区分实时算法与非实时算法就是看差分方程的右端是否含有 $(K+1)T$ 时刻的输入值。

（3）由于实时仿真动态输入输出的需要，一般都要进行定步长的仿真计算，仿真计算应该做到每一个仿真步距内的计算比较平均，尽量减少在控制方面的时间消耗。

（4）能够采用大步长。这是因为在进行实时仿真时，要求在一个固定的时间间隔内给出下一采样时刻的实时输出，只有采用尽可能大的步长进行计算才能在给定的时间间隔内对要求解的方程都计算一遍。

前面已介绍的实时数字仿真设备的核心软件均为 EMTP，它所采用的一般算法是梯形积分法及其同类算法。

## 6.1  基于并行处理的实时仿真

### 6.1.1  基于高速数字信号处理器（DSP）并行的实时数字仿真器（RTDS）

RTDS 是国际上第一套商业化的全实时数字仿真装置，采用了 DSP 芯片并行处理的硬件结构。RTDS 利用数学上可分割子系统的概念在各 DSP 芯片间分配计算任务，1 个 DSP 通常模拟 1 个元件，各子系统之间的连接使用传输线模型或换流器模型。RTDS 提供了几乎所有的传统电力系统元件模型、控制器模型、传输线模型，HVDC 和 FACTS 装置模型，还有各种数字量模拟量输入输出接口模型，用户还可自定义生成需要的控制元件模型。

RTDS 技术主要依托于加拿大 Manitoba 直流研究中心，RTDS 的并行处理器采用 NEC 公司的高速信号处理器和 AD 公司的 SHARCAD21062 高速信号处理器，处理器主板及软件均自行开发。这样可以充分利用 DSP 的硬件资源，但在计算机芯片技术飞速发展的今天，这种开发模式不利于硬件的升级换代。RTDS 的软件核心是 EMTDC，图形界面是 RSCAD。RTDS 这种基于 DSP 硬件扩展的封闭结构，要进行升级和扩展较为困难。

### 6.1.2　基于并行计算机的实时数字仿真系统

目前微机只能进行小规模系统的实时仿真，要实现较大规模系统的实时仿真，需要采用并行计算机体系结构。目前用于实时数字仿真系统的并行计算机系统可分为四类。

（1）基于共享存储器的对称多处理器（SMP）系统。该系统在小规模并行实时数字仿真系统中应用较为广泛。

（2）一致性高速缓存非均匀存储器访问（ccNUMA）系统，如 SGI Origin。加拿大魁北克水电局下属的 TransEnergie 公司研制的就是基于 SGI Origin 的实时数字仿真系统。

（3）基于分布存储器的大规模并行处理（MPP）系统，如 IBM SP2 和中国的曙光 3000。法国电力公司（EDF）研制的 ARENE 就是基于 HP - convex 大规模并行计算机的实时数字仿真系统。

（4）机群式并行计算（Cluster）系统，如 IBM Cluster1300 和中国的联想深腾 1800。与 MPP 相比，由于采用通用的精简指令集计算机（RISC）工作站或微机，价格较低，具有性能价格比高、便于升级扩展的优点，是今后研制大规模实时数字仿真系统的优良平台。

实时数字仿真系统的出现是计算机技术、并行计算技术、数字信号处理技术和现代控制技术发展的产物。在目前各种实时数字仿真系统中，大都采用并行处理的硬件结构和高速数字信号处理器 DSP 芯片，利用数学上可分割子系统的概念在各个运算芯片组间分担计算任务。

目前，世界上比较有代表性的数字仿真系统主要有两个：一是魁北克水电研究所（IREQ）的数模混合式实时仿真系统；一是法国电力公司（EDF）研究开发的全数字实时仿真系统 ARENE。

加拿大魁北克的 TEQSIM 公司的技术依托于魁北克水电研究所（IREQ）。IREQ 建立了目前世界上最大的数模混合式实时仿真系统。TEQSIM 公司在其数模混合式实时仿真技术的基础上，为了适应电力系统实时仿真技术发展的潮流，也于近期开发出了全数字电力系统实时仿真系统（HYPERSIM）。HYPERSIM 硬件采用基于共享存储器的多 CPU 超级并行处理计算机如 SGI2000 或多 CPU 的并行计算用的 Alpha 工作站。主要用于电力系统电磁暂态仿真，仿真的规模可以相当大，也可以用于装置实验。其中基于 SGI3200 服务器的 HYPERSIM 也可用于直流系统动态特性仿真。HYPERSIM 的软件核心是 EMTP 程序。

ARENE 是法国电力公司（EDF）研究开发的全数字实时仿真系统。该系统的硬件平台为 HP 公司生产的基于多处理器的 HP - convex 并行处理计算机。到目前为止，该并行处理计算机的 CPU 最大数量已达到 66 个。ARENE 系统的硬件全部采用市场上能买到的标准组件（如 HP 的并行处理计算机、IO 接口板等），EDF 只研究用于实时仿真电力系统的算法及相关软件。同时，该实时仿真系统还提供了基于 C 语言的用户自定义功能，用户可以使用该功能自定义新的元件模型。ARENE 的软件核心也是 EMTP 程序。

基于并行处理的实时仿真系统的优点是：数字建模经济、快捷、参数调整方便，随着所研究的电力系统规模的增大，只需增加各并行处理模块即可保持原有步长，这无疑大大增加了其使用的灵活性。缺点是：在全数字电力系统实时仿真系统中，由于各并行处理器间的通信、数据交换及模型算法等各方面因素的影响，数值不稳定问题成了限制仿真规模的重要问题。而且，在某些场合下（如：要针对电力电子电路高精度触发的要求）现水平的数字仿真器无法满足要求，可行的解决方案还是构成数模混合仿真系统，即把数字仿真器完成不了的任务交由模拟仿真器来完成。

## 6.2　基于高性能服务器的实时仿真

随着微处理器技术的迅速发展，微机的计算能力不断提高，价格也不断下降，为基于微机的电力系统实时数字仿真（DDRTS）的开发提供了广阔的发展空间。

基于微机的电力系统实时数字仿真系统成本低，升级容易，且有良好的扩展性和兼容性。中国电科院、日本三菱电气公司、加拿大哥伦比亚大学等单位正在采用商用微机（PC）作为硬件平台来开发研制电力系统全数字实时仿真系统。该系统由多台高档微机通过高速网络连接实现并行处理的集群计算机。其优点是价格便宜，可扩展性好，但技术相对复杂。目前普通微机已具备利用数字仿真程序对较小规模系统进行实时仿真的计算能力，微机通过输入输出接口与实际物理装置相连，完全可以进行传统保护与控制装置的实时闭环实验。

总的来说，目前 DDRTS 均处于研究阶段，还没有形成产品，但这项技术是未来全数字实时仿真的一个发展方向。

## 6.3　电力系统实时数字仿真器 RTDS

电力系统实时数字仿真器 RTDS 是国际上研制和投入商业化应用最早的数字实时仿真装置，也是目前世界上被广泛采用的电力系统实时数字仿真装置，它由加拿大 RTDS 公司研制。

全数字式实时仿真器 RTDS（Real Time Digital Simulator）由计算软件（RSCAD）、计算处理和接口等硬件设备（rack）组成，包括配套的工作站或微机，可以连续和实时地模拟电力系统的电磁暂态和机电暂态现象，典型的仿真步长为 $50\sim80\mu s$。由于 RTDS 能够维持实时条件下的连续运行，实际的控制保护设备就可以连接到 RTDS 上进行闭环实验以分析和研究控制保护设备的性能，同时 RTDS 也可以实时仿真大型的交直流混合电力系统。

### 6.3.1　RTDS 主要功能

RTDS 作为电力系统领域专用的实时数字仿真器，它使用灵活方便，计算结果准确可靠，能保证实时运行，其主要功能如下。

1. 继电保护装置的闭环测试

RTDS 与适当的电压、电流放大器结合可进行闭环继电保护测试。测试内容可包括电压电流波形分析、互感器饱和特性分析和复杂的故障操作模拟等，RTDS 精确而丰富的元件模型使得继电保护的闭环测试与实际的电力系统运行状态非常接近。

2. 控制系统的闭环测试

与继电保护测试系统相似，RTDS 还可测试各种实际控制器。电力系统仿真过程中的各种模拟量、数字量可直接输出到控制器，控制器输出的模拟量、数字量也可直接输出到 RTDS，实现电力系统元件或装置的闭环反馈控制，完成控制器的闭环动态性能测试。它可广泛应用于 AVR 、PSS、HVDC 及 SVC、STATCOM、TCSC 、UPFC 等 FACTS 控制装置的闭环测试中。

3. 大规模电力系统动态行为模拟和分析

RTDS 与其他的模拟仿真工具或离线仿真技术相结合，可进行大规模电力系统的动态行为的模拟和分析，对各种复杂电力系统进行实时暂态分析和计算，研究暂态过程中各种稳定性问题及交直流互联系统的相互影响等。

4. 对电力系统运行人员培训

RTDS 具有友好的用户界面，在仿真过程中可实现动态交互和控制，为电力系统运行人员提供一种新的培训方法和工具。

### 6.3.2　RTDS 的硬件板卡

实时数字仿真器 RTDS 由 1 个或多个机箱（rack）组成，这些机箱安装在机柜（cubicle）。每个 rack 包含了多块通信、处理和接口板卡，同一个 rack 的处理和通信板卡都插在该 rack 的通信背板上。

下面介绍常用的 RTDS 通信板卡、处理板卡和接口板卡。

1. RTDS 通信板卡

RTDS 的通信板卡主要有 WIF 卡和 IRC（Inter-Rack Communications Card）卡。

每个 rack 均应配置一块 WIF 卡，而各 rack 的 WIF 卡均连接到 RTDS 的 GBH（Global Bus Hub）上。WIF 卡有两个基本功能：一是实现各 rack 之间的时间同步；二是处理实时数字仿真器 RTDS 与仿真工作站之间的通信。每个 WIF 卡包含一个以太网收发器并且拥有其专有的以太网地址，这使得 RTDS 能够连接于任何基于以太网标准的局域网（LAN）上。

IRC 卡。当 RTDS 仿真器有多个 rack 时，每个 rack 均应配置一块或两块 IRC 卡以实现各 rack 之间的数据交换。

2. RTDS 处理板卡

RTDS 处理板卡有 3PC 卡、RPC 卡和 GPC 卡（TPC 已淘汰），各板卡的基本情况见表 6-1。

表 6-1　　　　　　　　　各处理板卡基本情况对比

| 板卡 | 处理器 | 精度 | 处理器个数 | 浮点运算速度 MHz | 备注 |
|---|---|---|---|---|---|
| 3PC | ADLP21062 | 40 位 | 3 | 3×80 | 第二代处理板卡 |
| RPC | IBMPPC750CXe | 64 位 | 2 | 2×600 | 第三代处理板卡 |
| GPC | IBMPPC750CX | 64 位 | 2 | 2×1000 | 第四代处理板卡 |

3. RTDS 接口板卡

RTDS 主要的接口板卡有 DDAC 卡、OADC 卡、DOPTO 卡、DITS 卡以及与 GPC 卡配套的 GT（Gigabit Transceiver）系列 I/O 卡。

### 6.3.3 RTDS 的软件

1. RSCAD 图形用户界面（GUI）

用户和 RTDS 仿真系统间的所有互动都通过基于 Java 技术的 RSCAD（Real time simulator CAD）用户界面（GUI）来完成。

RSCAD 文件管理器是最高层次的 RTDS 软件，用户通过它管理图形驱动系统。这个以图标为基础的文件管理系统帮助用户组织大量的研究和与其相关的文件。此外它为用户间的信息交换提供方便，所有其他的 RSCAD 图形用户界面模块可由文件管理器启动，RSCAD 软件主要包括 Draft、Runtime、TLine/Cable 和 Multiplot 等模块。

Draft 模块是一个预处理的模块，它用来搭建需要仿真的电力系统的接线图并进行相关参数的输入。代表着各电力系统元件和功能控制模块的图标就储存在工作屏幕一侧的元件库内，这些元件可以是由 RTDS 预定义的或用户自定义的，而需要仿真的电力系统的接线图则在屏幕的另一侧组装。接线图的搭建是选择和复制元件库中的元件并将其用鼠标拖到图搭建区域，然后通过合适的方式把它们互相连接起来。所有的动作都通过鼠标或键盘驱动，以便用最少的操作达到最高的速度。一旦接线图的组建和数据输入完成，用户可以将其存盘和编译以用于仿真的运行。

Runtime 模块是运行模块，RTDS 仿真系统必须通过它才能运行。Runtime 模块允许创建一个或多个控制台，用以分别控制不同的仿真算例。在进行仿真的时候，用户可以用表计、图标和图形监视感兴趣的系统参量。另外，模拟装置在运行时候也可以通过按钮、滑标、开关等动态地与仿真装置互动。此外用户也能指定其他与故障的施加和启动相关的事件（如定时的开关操作）。运行模块也可用于分析和评价采集到的波形以及准备可用作书面报告的波形图。

TLine/Cable 模块用于定义与架空输电线和地下电缆有关的参数文件。交直流线路及电缆的参数能以实际几何参数的格式或是集中参数的方式输入。

Multiplot 模块用于 RTDS 仿真结果事后处理和分析。在 Multiplot 模块中有一些格式化和分析的功能。

2. 电力系统和控制系统元件模型

经过十几年的发展，RSCAD 元件库无论在功能或模型精度方面都得到了很大的提高，目前已经拥有了比较完备的电力系统和控制系统元件库。通过不断地研究和开发及与仿真装置用户的紧密互动，该元件库必将持续不断地得到改进和提高。另外，通过用户自定义元件工具（UDC），还能开发和引入新的元件模型。

3. 编译器

在图形用户界面与 RTDS 仿真装置中运行的代码之间的重要联系是一个特殊设计的编译系统。RTDS 编译器从绘制（Draft）模块中取出回路接线和参数的同时，产生处理器所需的并行处理码。此外，编译器还根据所需要回路接线和 RTDS 所具有的硬件资源给每个处理器分配任务。将元件分配给处理器的工作可以是自动或是手动的（由用户自己定义）。

### 6.3.4 RTDS 的算法

RTDS 采用改进点火脉冲算法（Improved Firing Algorithm）。在交直流电力系统实时数字仿真中，如果没有采用点火脉冲算法，则在 RTDS 接收到触发脉冲后，阀的特性表现为从大电阻突然变为小电阻（导通），相应的，阀上承受的正向电压会降落到零。

如果采用点火脉冲算法，则
RTDS 接收到触发脉冲后，在下一
个 RTDS 的时间步长内，阀的导通
电阻上串接了一个反向的电压源
（$u_f$），因此，阀承受的正向电压以受
控的方式降落，如图 6-1 所示。

在图 6-1 中，假定 RTDS 在 $d$
时刻接收到某个阀的触发脉冲，则在
下一个 RTDS 时间步长（即时间段
$BC$）内，阀的导通电阻上串接一个
反向电压源 $u_f$，在仿真器接收脉冲
信号一个周期以后，电压源 $u_f$ 即置
零。设 $d$ 时刻离上一个 RTDS 时间
步长结束时刻（即 $A$ 时刻）的时间
为 $\Delta f$，$B$ 时刻时阀的预测正向电压
为 $u_p$，$e$ 时刻滞后 $d$ 时刻一个 RTDS

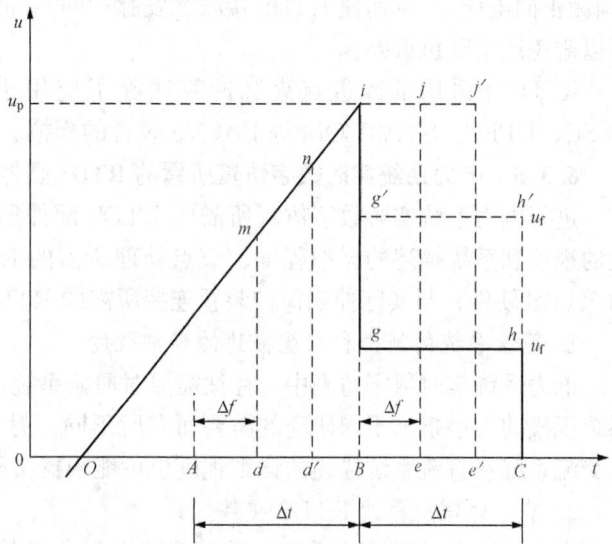

图 6-1　RTDS 改进点火脉冲算法示意图

时间步长 $\Delta t$，则 $u_f$ 的大小由长方形 $Bije$ 和长方形 $Bghc$ 的面积决定（$Ad=Be$），即阀上承
受的伏秒能量相等，有

$$u_p \Delta f = u_f \Delta t \tag{6-1}$$

由式（6-1）可得

$$u_f = u_p(\Delta f/\Delta t) = u_p f \tag{6-2}$$

式（6-1）、式（6-2）中，$\Delta t$ 为 RTDS 的时间步长，$f = \dfrac{\Delta f}{\Delta t}$ 为脉冲分度，脉冲分度是
触发脉冲到达时刻离上一个 RTDS 时间步长结束时刻的时间 $\Delta f$ 与 RTDS 时间步长 $\Delta t$ 的比
值，其数值范围在 0~1 之间。由于采样步长可达 60ns（相当于电角度 0.00 108°），基于这
样的采样率，DITS 卡可以给出精确的脉冲到达时间信息，即可以精确得到脉冲分度的数
值。此时，阀电压波形为图中的曲线 $OighC$。

同样地，如果 RTDS 在 $d'$ 时刻接收到阀的触发脉冲，则下一个 RTDS 时间步长内，阀
的导通电阻上串接一个反向电压源 $u_f'$，设此时脉冲分度为 $f'$、$e'$，时刻滞后 $d'$ 时刻一个
RTDS 时间步长，则根据长方形 $Bij'e'$ 和长方形 $Bg'h'C$ 的面积相等可得

$$u_f' = u_p f' \tag{6-3}$$

此时，阀电压波形为图中的曲线 $Oig'h'C$。

由以上分析可见，采用改进点火脉冲算法后，不管触发脉冲发生在哪个时刻，RTDS 接
收触发脉冲的时间误差恒定为一个时间步长，而且通过测量到的脉冲分度，实现对换流器触
发角微调的连续响应。特别指出，RTDS 接收触发脉冲存在的一个步长的固定误差不会影响
仿真性能，因为几乎所有的控制系统的时间常数都远大于如此微小的固定时延（50$\mu$s 左
右）。

总而言之，如果采用点火脉冲算法，在 RTDS 接收到触发脉冲后，在下一个 RTDS 时
间步长内，阀的导通电阻上串接了一个反向的电压源（$u_f$），$u_f$ 值等于"脉冲分度"乘以

"预测正向电压"，从而使 RTDS 接收触发脉冲的时间误差恒定为一个时间为一个时间步长，可以避免产生随机误差。

RTDS 中采用的改进点火脉冲算法除了应用于 HVDC 的模拟外，还应用于 SVC、TCSC、UPFC、STATCOM 等 FACTS 装置的模拟。

### 6.3.5 电力系统实时数字仿真所需的 RTDS 硬件配置

进行电力系统实时数字仿真所需的 RTDS 硬件配置主要取决于以下四个因素：等值系统的规模和系统描述的详细程度、节点处理所需的 RTDS 硬件、元件和控制系统处理所需的 RTDS 硬件、与实际控制保护装置连接所需的 RTDS 输入/输出接口硬件。

1. 等值系统的规模和系统描述的详细程度

电力系统实时数字仿真中，往往需要对原始系统进行动态等值后再进行实时仿真，等值系统规模的大小根据不同研究的需要而有所不同。另一方面，即使是对于相同的等值系统，其交流系统和直流系统描述的详细程度也可能根据实际需要而有所不同。

2. 节点处理所需的 RTDS 硬件

在 RTDS 中模拟交流系统所需模拟的电气节点数主要由变电站母线、发电机母线、联络变压器和串补等的数量决定（发电机模型集成了其升压变压器）。

3. 元件和控制系统处理所需的 RTDS 硬件

RTDS 实时仿真中，交流系统中的发电机及控制系统、变压器、线路等都要占有处理器，仿真中所需的板卡数目也与采用的 RTDS 处理板卡有关。

4. 与实际控制保护装置连接所需的 RTDS 输入/输出接口硬件

在 RTDS 实时数字仿真中，当交流系统连接到实际的控制保护装置时，需要配置 RTDS 输入/输出接口板卡以实现实时数字仿真器 RTDS 与实际装置的连接。板卡需求主要包括模拟量输出、模拟量输入、开关量输入/输出、DITS 卡触发脉冲输入四个部分。

## 6.4 基于 RTDS 的电力系统实时数字仿真

### 6.4.1 RTDS 进行电力系统实时数字仿真的一般步骤

下面简单介绍大规模电力系统实时数字仿真的一般步骤。

1. 系统动态等值

由于受 RTDS 硬件资源的限制，利用 RTDS 进行电力系统实时仿真必须对原始系统进行等值简化，但如果对原始系统进行过多的等值简化，又会丢失系统很多的固有特性，甚至使仿真结果不可信。因此，应根据现有的 RTDS 硬件资源以及研究的目的确定合适的等值系统规模。

系统建模在 RTDS 仿真模型建立之前，应首先对整个等值网络进行划分，将等值网络划分为若干个子系统，这些子系统在仿真中将在不同的 rack 中进行并行计算，因此，每一个子系统的规模也应根据其所在 rack 的硬件情况确定。

2. 仿真模型调试

由于仿真模型比较大，编译过程中往往会发现很多问题。为了便于查找问题，应先分别编译各子系统的模型，编译通过后再实现各子系统间的连接，形成仿真模型。系统仿真模型编译通过后，应先对模型进行潮流初始化，检查网络模型的潮流是否收敛，是否与等值潮流文件基本一致。

3. 仿真模型校验

仿真模型建立、调试完成后，应与交流原始系统和等值系统分别进行静态校验和动态校验，并在 RTDS 上持续运行一段时间，检验仿真模型是否能稳定运行。

经过以上步骤后，仿真模型才可以用于 RTDS 实时仿真研究。

### 6.4.2　基于 RTDS 的电力系统实时数字仿真实例

（一）分压器实时数字仿真

用仿真电力系统电磁暂态过程的仿真工具组成一个用于研究的复杂电力系统模型，是一项具有挑战性的艰巨任务。因此，在本节中，将引导用户建立起一个简单的分压器电路模型，并给出详细的步骤。用 RTDS 进行电力系统实时数字仿真时一般可分为如下的五个基本步骤。

1. 创建新的项目和实例

要建立分压器模型，首先要在用户 FILE MANAGER 的顶层建立新项目及其实例。FILE MANAGER 使用户能够按项目和实例组织 RTDS 仿真，在单个项目中可以有多个实例。为了创建一个新项目，可以从 FILE MANAGER 窗口顶端的中部标有 "FILE MAN-AGER" 框的下拉菜单中选择 CREATE PROJECT 选项。

创建一个新的实例需在含有该项目名的活动框的下拉菜单中选择 CREATE CASE 选项。在出现的实例表格中键入名称，然后选择 PROCEED ， FILE MANAGER 就完成了一个新实例的创建。

要进入新建的实例数据库，只需选择其下拉菜单中 OPEN 选项。这时，用户已建立了如图 6-2 所示的数据文件结构流程图。用 DRAFT 软件模块就可以开始绘制分压器电路图，如图 6-2 所示。

2. 用 DRT 生成分压器电路图

至此，数据文件结构已组织完毕，用户可以开始生成 RTDS 仿真时所需的数据。整个过程的第一步是通过绘制电路图来建立系统仿真模型。RSCAD/DRAFT 软件模块是用来设计电路和输入各个系统元件模型所需数据的。

（1）DRAFT 模块的启动和元件库装入。

启动 DRAFT 模块，选择在 FILE MANAGER 窗口右手边标有 DRAFT 的活动框。几秒钟后，一个新的窗口，如图 6-3 所示，显示在工作站的监视器上。

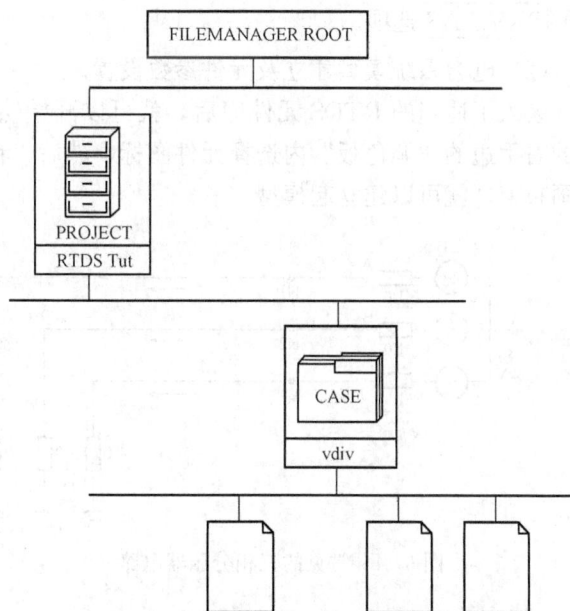

图 6-2　RTDS 仿真实验的数据文件结构图

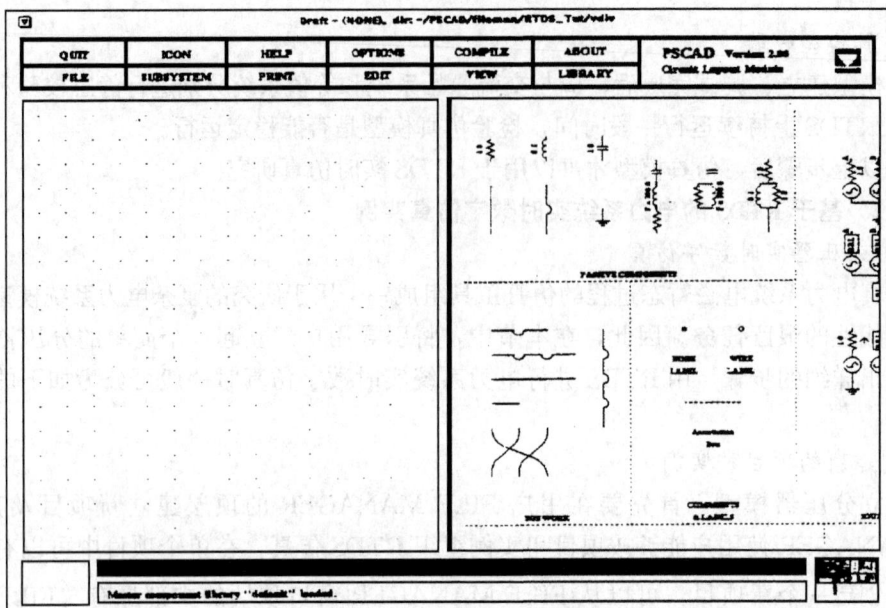

图 6-3 DRAFT 模块界面

DRAFT 程序用于 RTDS 以及 RTDS 的离线等价软件 EMTDC 中。如果要运行 RTDS 就需要插入另一个元件库。为了调用 RTDS 默认的元件库，用户需选择 LIBRARY 活动框下的 LOAD 选项。LOAD 选项中有三个不同的元件库区：Master、Group 和 User。为了将当前所显示的 DRAFT 元件库作为用户的默认元件库保存下来，必须选择 LIBRARY 活动框中的 SAVE AS 选项。

（2）电力系统模型建立及元件参数设置。

装入了适当的 RTDS 元件库后，就可以开始绘制电力系统模型的草图。从 DRAFT 窗口的右手边的"调色板"内选择元件图标，然后，将它们放置在 DRAFT 窗口左手边的可移动画布上，就可以建立起模型。

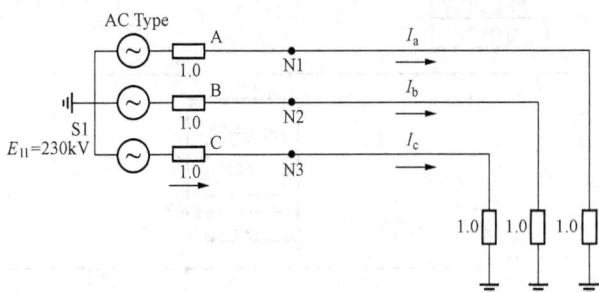

图 6-4 常见的三相分压器电路

建立如图 6-4 所示的常见的三相分压器电路。元件放置在画布上后，选择元件的下拉菜单中的 EDIT 选项可以改变其参数。在数据输入窗口中输入所给定的参数值。

（3）定义 RSCAD/RUNTIME 模块的监测量。

两个最基本的常用系统变量是节点电压和支路电流。如图 6-5 所示，元件图标可以用来定义其参数。接着，在 RUNTIME 运行中，用支路电流名和节点电压名/号确定平面坐标图或表计中的量。

N1　用于表示所监视的节点电压，　　　$\frac{I_a}{\longrightarrow}$　　用于表示所监视的支路电流，
●　　并对其赋一个唯一的名称。　　　　　　　　　　并对其赋一个唯一的名称。

图 6-5　节点电压和支路电流元件图标

（4）仿真步长的设定与 DRAFT 电路的保存。

选择 DRAFT 窗口的左上方下拉菜单 FILE 中的 PARA METERS 选项。RTDS 计算在每一个步长内系统模型的状态。对于这里输入的数据，RTDS 编译器将尽可能保证每个步长接近 $50\mu s$（步长必须是 RTDS 中晶振时钟周期的整数倍）。

用户必须指定专门的硬件来起动运行仿真的机笼（rack）。如果需要用到多个机笼，RTDS 编译器将自动为其排序，并在该菜单中增加一项起动顺序。有关步长的选择和系统/硬件映射约定，可进一步参看 RTDS User's Manual 中相关的信息和指导。选择位于 DRAFT 窗口左上方 FILE 下拉菜单中的 SAVE AS 选项。保存电路图信息。

保存好电路图，选择位于 DRAFT 窗口顶部中间的 COMPILE 选项，将生成仿真中所需的所有文件。如果编译通过，在 DRAFT 窗口的底部将出现一行文字：Invoking "rtd-spcpp-case siml-rack1-verbose"... Compile!。至此，用户已准备好进行分压器电路的仿真。

对用户来说，map 文件是十分重要的。因为它提供了由 RTDS 编译器赋予的特定的系统电路与 RTDS 硬件之间的连接信息清单。map 文件将提供哪个模型在哪个处理器中运行的有关信息以及指导用户在 TPC 卡的模拟和数字的 I/O 点上获取所监测或作用的量。

3. 用 RUNTIME 模块进行仿真

要起动 RUNTIME 模块，选择 FILE MANAGER 窗口右手边的 RUNTIME 框。当 RUNTIME 起动时，自动创建并显示出一个 RTDS 操作控制台窗口，如图 6-6 所示。

在图 6-6 所示界面上，需要完成以下工作。

（1）确认将用于仿真的特定实例。

（2）装载批处理文件使操作控制台读取 .sib 文件。

（3）在操作控制台窗口中可以创建多种不同的监测装置。创建一个平面坐标的图标，选择 CREATE 下拉菜单中的 PLOT 选项。

（4）开始仿真，选择操作控制台窗口顶部的 START 活动框。选择 RUNTIME 窗口左上角的 ICON 框将其图标化，然后，将光标放置在 FILE MANAGER 窗口中的 siml.map 文件上，用下拉菜单读取该文件。

（5）选择 READ 选项，文件将出现在 FILE MANAGER 屏幕上。

（6）重新打开图标化的 RUNTIME 窗口并选择 START 选项，就可以开始仿真。如果没有错误，在 RUNTIME 窗口的底部显示信息 "Downloading case...Run Started"。

（7）达到了稳态后，保存为文件，以便用 MULTIPLOT 程序进一步研究和分析。将光标放置在特定平面图顶部的空白处，使用下拉菜单，就可以保存坐标图中的内容，如图 6-7 所示。

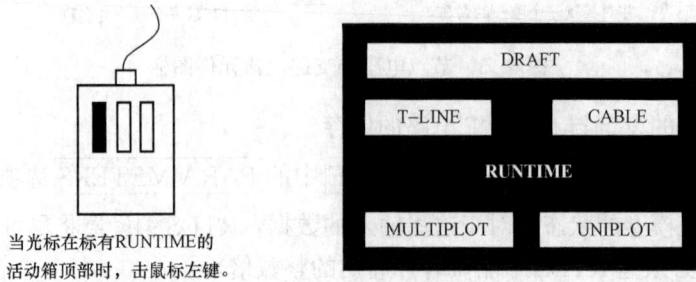

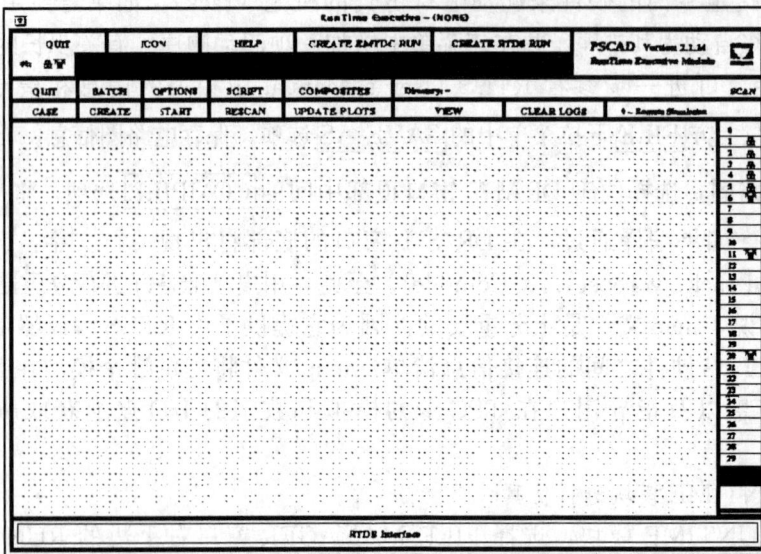

图 6-6  RTDS 操作控制台窗口

**4. 用 MULTIPLOT 绘出坐标图并分析结果**

在前面的 RUNTIME 阶段中由 RTDS 生成的并保存为"siml. out"文件的仿真结果可以用 RSCAD/MULTIPLOT 模块绘出平面图，并加以分析。从 FILE MANAGER 窗口的右手边选择标有 MULTIPLOT 的框，起动绘图程序。

在 RUNTIME 中，保存一幅坐标图将生成两个文件，该例中为 siml. out 和 siml. mpb。以. out 为后缀名的文件包含实际输出数据的点，而以. mpb 为后缀名的文件表示在 MULTI-PLOT 程序中用到的绘图批处理文件。

装入了批处理文件后，就可以观察并分析在 RUNTIME 阶段中捕捉到的曲线图。除此之外，用户可以修改并重新保存 MULTIPLOT 批处理文件（如:. mpb 文件）。

一旦定义好页面的布局，用户可以创建所需的图表，插入所要显示的曲线。用 CREATE 活动框可以生成空白图表。用户可以从以前保存的 siml. out 文件中将曲线加到所创建的图表中。将光标放置在预定的图表上，按住鼠标左键不放，就完成了添加曲线的过程。

ADD CURVE 选项允许用户从任意的输出文件中指定任意的数据并在选定的图表中将

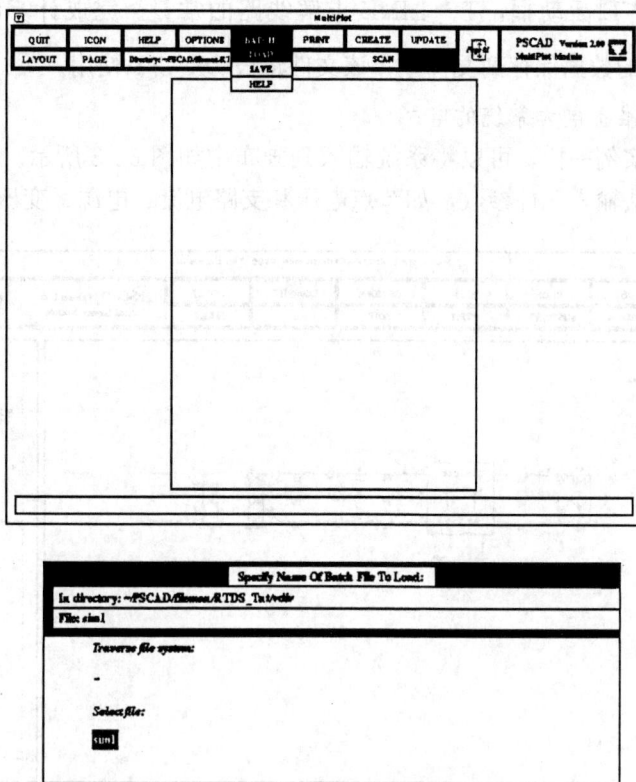

图 6 - 7　文件保存界面

其绘制成曲线。可以用名称或数字来指定曲线。但目前，RTDS 只能支持数字曲线。

5. 结束 RSCAD

从 FILE MANAGER 窗口顶部的菜单区内选择 QUIT 选项，就可以结束 RSCAD 软件。其余任意一个从 FILE MANAGER 中起动的 RSCAD 的模块将自动停止。

（二）简单交流系统实时数字仿真

在本例中将说明如何在系统模型中加入行波传输导线，亦用于测算线路的阻抗，并将它与理论值进行比较。本例中采用理想的平衡线路。

1. 准备传输线路的参数

一个特定的 RSCAD 模块用于生成 RTDS 传输线路模型所需的数据。RSCAD/T_LINE 模块用于输入传输导线的物理特性。这些数据将保存在用户子目录中的所谓 T_LINE 的批处理文件中。具体步骤如下。

（1）给线路命名，名称必须与 T_LINE 中的线路名称相对应。

（2）起动 T_LINE 软件。T_LINE 必须从 FILE MANAGER 根目录下起动，以保证所生成的线路数据可以从用户子目录中的任意一个项目/实例中存取。

（3）选择 T_LINE 屏幕顶部的 EDIT 菜单设置传输线路的信息。

（4）单击 Freq-Dependent 框切换到 Bergeron ，就可以选择贝瑞隆线路模型。单击相应的框，Bergeron 模型可以选择不换位和理想换位线路。

（5）选择 $\boxed{\text{SOLVE}}$ 活动框，T＿LINE 求解线路的常量。完成计算时选择 Batch 中的 $\boxed{\text{SAVE}}$ 选项将所需的数据保存到文件中，该文件将被 DRAFT 使用。

2．用 DRAFT 准备电力系统的电路

（1）与分压器实例一样，可以将系统输入到画布中如图 6-8 所示。可以用前一章分压器电路中提到的方法输入元件参数，如节点电压和支路电流、电源、变压器、传输线路。

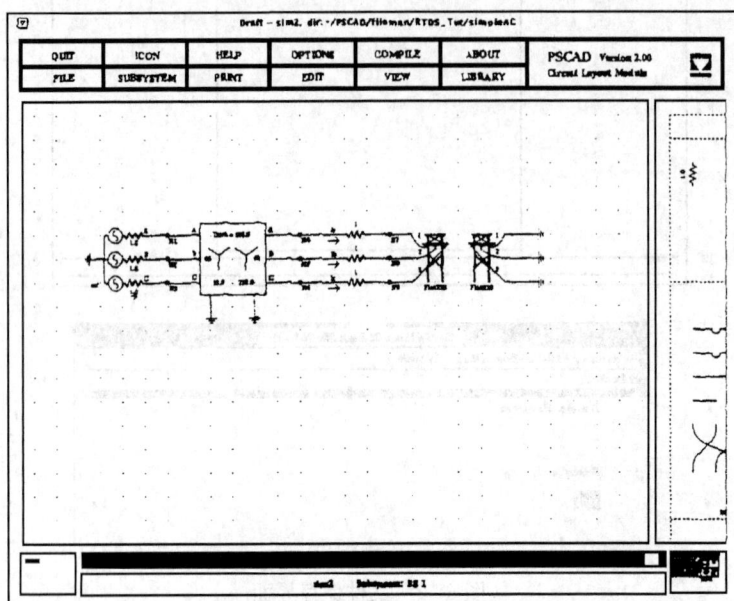

图 6-8　RTDS 工作界面

（2）建好电路图后，选择 $\boxed{\text{SAVE}}$ 保存当前系统的模型。如果用户是第一次保存这个系统模型，则 DRAFT 提示键入新的文件名。

（3）从 DRAFT 窗口顶部选择 $\boxed{\text{COMPILE}}$ 活动框，准备开始仿真。如果时间参数还未设定，应选择 $\boxed{\text{FILE}}$ 菜单下的 $\boxed{\text{PARAMETERS}}$ 选项，DRAFT 将自动给用户提示有关时间步长、完成时间和打印步长的信息。

3．用 RUNTIME 进行仿真

在前一章分压器电路中概述了仿真的过程，在这里可以用相同的方法对本实例进行仿真。例如通过 RUNTIME 中的 $\boxed{\text{SAVE}}$ 选项的平面图捕捉和监测到节点 7 的电压和支路电流，就可以测量线路的阻抗。RUNTIME 屏幕中节点电压和支路电流的平面坐标图如图 6-9 所示。

正序阻抗的大小可以直接从 RUNTIME 坐标图的轨迹中计算出来。

电压和电流坐标图如图 6-9 所示，据此计算出阻抗值 $|Z|=37.92\Omega$。而在理论上，线路的传输时间 $\tau$ 和特征阻抗（波阻抗）$Z_C$ 可以决定正序线路的阻抗。在 T＿LINE 程序生成的 Flat230.tlb 文件中可以看到这些值。本例 Flat230.tlb 文件中的数据表明 $t=0.341\mu s$，$Z_C=293.04\Omega$，长度＝100km，$R=1.854\,663\times10^{-5}\Omega/m$。根据下列计算式

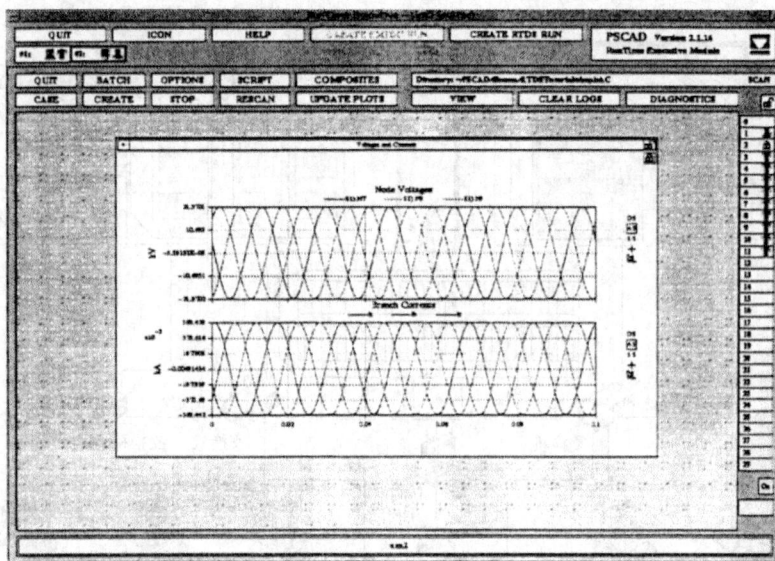

图 6-9 RUNTIME 仿真波形

$$Z_C = \sqrt{L/C}$$

$$\tau = \sqrt{LC}$$

得 $$L = \sqrt{(\tau)^2 (Z_C)^2 / (l)^2}$$

$$L = 0.999 \text{mH/km}$$

在 100km 的线路上，$X_L = 37.67\Omega$，$R = 1.854\,666\,3 \times 10^{-5} \times 100\,000 \approx 1.855\Omega$。所以，

$$R + jX = 1.855 + j37.67$$

$$Z = 37.72\underline{/87.2^\circ}(\Omega)$$

可见，仿真软件计算得到的线路阻抗值和理论计算结果接近。仿真有较高的准确性。

## 6.5 典型的实时仿真系统简介

实时数字仿真系统由实时数字仿真器 RTDS、SIMIT 仿真器、SIEMENS 实际直流控制保护装置、南瑞实际直流控制保护装置以及与实际装置连接的接口设备构成。此外，RTDS 实时数字仿真系统还辅助配套 RTDS 接口屏、SIMIT 接口屏、功率放大器、直流电源、UPS 及投影演示设施等。

实时数字仿真器 RTDS 实际直流控制保护装置的连接如图 6-10 所示。RTDS 与 SIE-MENS 实际直流控制保护装置连接仿真原理示意图如图 6-11 所示，RTDS 与南瑞实际直流控制保护装置连接仿真原理与其类似。

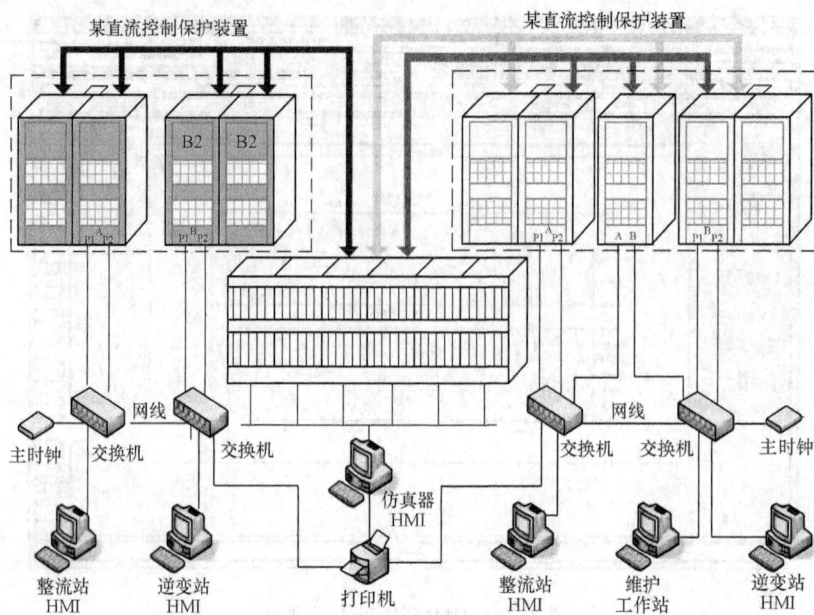

图 6 - 10 实时数字仿真器 RTDS 与实际直流控制保护装置连接示意图

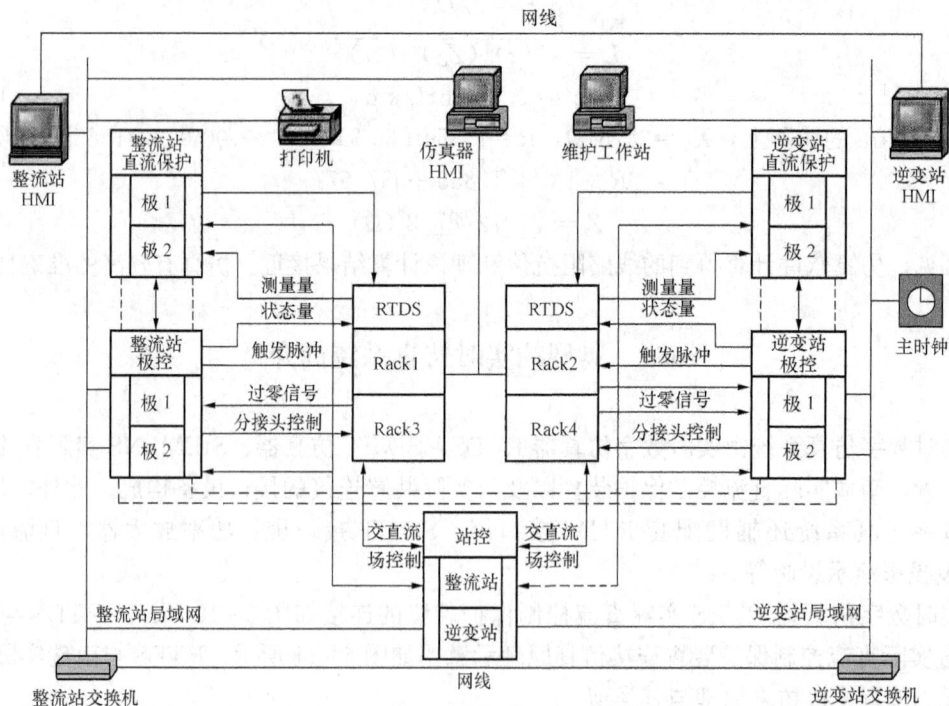

图 6 - 11 实时数字仿真器 RTDS 与 SIEMENS 实际直流控制保护
装置连接仿真原理示意图

# 第7章 电力系统运行实验

由于电力系统及其过程的复杂性，电力系统运行条件的限制，对电力系统的分析和研究，必须借助专门的计算及实验工具。所以，本章首先以发电机的各种运行实验来研究发电机的运行特性；其次，通过电力系统静态稳定实验和暂态稳定实验来模拟真实电力系统的各种工况下的运行特性，从而加深对电力系统的全面认识。

## 7.1 同步发电机安全运行极限

电力系统中与电网并联运行的同步发电机，其正常运行方式是指发电机按铭牌数据额定运行的方式。发电机的额定数据是制造厂在其稳定、对称运行条件下给出的。发电机在各相电压和电流都对称的稳态条件下运行时，具有损耗少、效率高、转矩均匀等较好的性能，所以只有严格控制发电机在其允许值范围内运行，才能保障发电机安全、高效地运行。

### 7.1.1 同步发电机运行特性

现代电力系统容量已达几千万千瓦，一台几万或几十万千瓦的发电机并联到如此大的系统中，可以被近似地看成是发电机与无限大容量的电力系统并列运行。因而调节所并联的单台同步发电机的有功功率和无功功率时，对电力系统的电压和频率都不会有很大的影响。所以无限大容量电力系统可以看成是电压和频率不变的电力系统。实际上，当某一台发电机功率变化时，总要引起电力系统电压和频率的微小波动，只是在进行工程分析时可以忽略不计而已，因而对具有自动调频和调压功能的现代电力系统用这种假设是合理的。

当发电机与无限大容量电力系统并联运行时［如图 7-1（a）所示的简单电力系统接线图］，发电机端电压 $U_G$ 等于常数，频率 $f$ 等于常数。若假设发电机处于不饱和状态，且忽略定子电阻，以隐极同步发电机为例，即可作出如图 7-1（b）所示的磁通势与电流、电压的相量关系图。

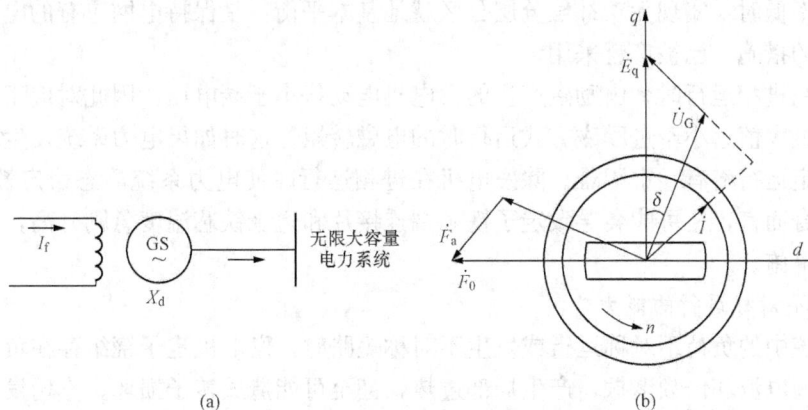

图 7-1 简单电力系统的接线图与相量图

(a) 接线图；(b) 磁通势与电流电压相量图

图 7 - 1 中感应电动势 $\dot{E}_q$ 与端电压 $\dot{U}_G$ 之间的夹角 $\delta$ 称为功率角，它由交轴电枢反应形成，其值随有功负荷的大小而变化。如果是纯电感或纯电容性负荷，相量 $\dot{E}_q$ 与 $\dot{U}_G$ 的方向相同，没有交轴电枢反应，则 $\delta=0°$，发电机输出的有功功率为零。图 7 - 1 （b） 表示了各主要相量之间的关系。

$\delta$ 角的另一物理意义是：产生 $\dot{E}_q$ 的励磁绕组磁通势 $\dot{F}_0$ 相对于产生端电压 $\dot{U}_G$ 的合成磁通势 $\dot{F}$ 之间的夹角。实际 $\dot{F}_0$ 与 $\dot{F}$ 之间的夹角既可看成空间相角，又可看成转子磁极中心线与电力系统合成等效发电机磁极中心线间的电角度，这两者在一对磁极的发电机内是统一的。当发电机经升压变压器、线路、降压变压器连接到受端（受端为无穷大系统）时，令受端系统电压为 $\dot{U}$，则此时的 $\delta$ 为发电机 $\dot{E}_q$ 与 $\dot{U}$ 之间的夹角。由于传输功率的大小与相位角 $\delta$ 密切相关，因此又称 $\delta$ 为功角或功率角。传输功率与功角的关系 $P_e = f(\delta)$，称为功角特性。

### 7.1.2　同步发电机运行要求

大型同步发电机既要受制约于电机制造的技术经济条件，又要满足电力系统的运行要求。就是在不影响发电机本身寿命和可靠性的基础上，应能适应大电力系统安全、稳定运行的要求。从现代电力系统运行需要出发，对大型同步发电机提出的主要要求如下。

1. 具备调峰能力

由于电网的发展及负荷性质的变化，调峰是一个愈来愈重要的问题，全国各大电力系统的峰谷差均较大。目前，除水轮发电机无例外地参加调峰外，125MW 和 200MW 以上的汽轮发电机组也要承担调峰任务。今后将有更多的大机组参加调峰以及建设更多的抽水蓄能电站承担调峰。

因而发电机组在设计制造时应考虑到调峰的要求，并按冷态起动 1000～10 000 次设计，发电机在结构上应采用一些适应于负荷大幅度变动和频繁起停工况、防止老化、疲劳、变形、磨损等因素的技术措施。

2. 具备低励磁或进相运行的能力

高电压大电网的一个主要特点是线路充电功率大，轻负荷时出现无功功率大量过剩（据 500kV 线路实测资料，每 100km 无功功率约为 100Mvar），以致造成电压升高。因而当电力系统有功功率低时，实现无功补偿分层分区就地基本平衡，是保持电网应有的电压水平既经济、又合理的措施，已被广泛采用。

发电机在进相运行时，由励磁产生的发电机电动势小于端电压，因此对应于这一电动势的电磁转矩最大值远小于过励磁方式运行时的电磁转矩，这时如果电力系统发生大干扰，则保证系统稳定运行将有一定困难。除发电机在进相运行时使电力系统静态稳定性降低以外，对发电机本身而言，还可能会导致定子铁芯端连接片和边缘铁芯温度急剧升高，在设计时应预采取防范措施。

3. 具有不对称运行的能力

电力系统中的负荷不对称运行或发生不对称短路时，发电机定子绕组存在负序电流，使转子出现倍频电流和倍频谐振，产生局部过热，甚至可能造成转子损坏。汽轮发电机在负序电流作用下转子发热情况比水轮发电机要严重得多。

发电机的允许不平衡负荷能力有长时和短时两种，按国家设计制造标准规定，其值列于

表 7 - 1 中。

表 7 - 1

**表 7 - 1　　　　　　　　　发电机允许最大负序电流 $I_2$ 值**

| 转子冷却方式 | 冷却介质或功率 | 长期运行 $I_2/I_N$ | 短时运行 $(I_2/I_N)^2 t$ |
|---|---|---|---|
| 间接冷却 | 空气 | 0.10 | 30 |
|  | 氢气 | 0.10 | 15 |
| 直接冷却 | 300MW 及以下 | 0.08 | 6 |
|  | 600MW | 0.07 | 7 |

注　1. 表中 $I_N$ 为发电机定子额定电流。

　　2. 表中 $t$ 为运行时间，单位为 s。

对于短时不对称运行，除满足表 7 - 1 中允许值外，仍应满足发电机每相电流不超过额定电流 $I_N$ 的要求。

4. 具备失磁异步运行的能力

总结国内外经验，除水轮发电机失磁时应立即跳闸外，对于汽轮发电机组应在电网快速减负荷和厂用电设计及运行等方面创造条件，使发电机在失磁时，能快速、自动减小有功功率到允许水平，并尽快恢复励磁或转移有功功率。在一定时间内还恢复不了励磁时才将失磁的发电机组与系统解列。

**7.1.3　同步发电机安全运行极限测定实验**

同步发电机的静态安全运行极限图，是由同步发电机的相量图转化而来，图 7 - 2 是隐极式同步发电机的安全运行极限图。

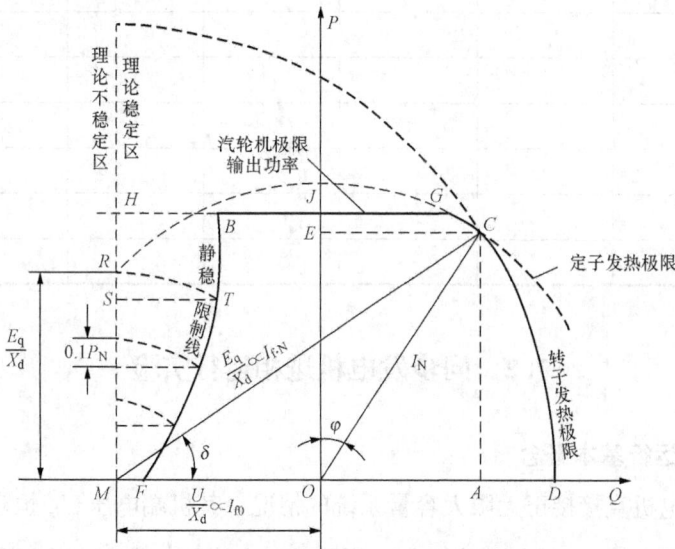

图 7 - 2　隐极式同步发电机的安全运行极限图

首先确定实验用的发电机定子电流、转子励磁电流、原动机输出功率的极限值，并确定应保持恒定的定子电压值，然后按下列步骤进行。

1. 受转子励磁电流极限约束的 CD 段的测定

发电机与系统并列后，保持发电机端电压等于给定值。调节发电机励磁电流使之等于极限值，即 $D$ 点保持不变。改变发电机的有功输出，可测取图 7-2 中的 $CD$ 段。当发电机定子电流也等于极限值时，就是图 7-2 的运行点 $C$。

2. 受定子电流极限约束的 $GC$ 段的测定

从 $C$ 点开始增加发电机有功输出，发电机运行受定子电流约束，即图 7-2 的 $GC$ 段，这时应相应地减少转子励磁电流，即减少发电机的无功输出，以维持定子电流等于极限值。

当发电机的有功输出等于原动机极限值时，可得图 7-2 的 $G$ 点，即发电机有功输出和定子电流都达到允许极限值的运行状态。

3. 受原动机功率极限约束的 $BJG$ 直线段的测定

维持发电机有功输出等于极限值，减少发电机励磁电流值，可得图 7-2 的 $BJG$ 直线段。在 $BJ$ 线段，发电机处于进相运行状态。

4. $BF$ 段的测定

如果 $B$ 点受定子电流极限的约束，则降低发电机的有功输出和降低励磁电流值，可求得运行于进相状态，受定子电流和静稳定极限约束的 $BF$ 段。

上述 1～4 项的实验项目所测量的电机出口电压 $U_G$、定子电流 $I$、有功功率 $P$、无功功率 $Q$、励磁电流 $I_e$ 和功率角 $\delta$ 记录于表 7-2 中。

改变发电机定子电流或励磁电流或发电机有功输出极限值，或定子电压给定值，重复上述 1～4 项内容。

**表 7-2**　　　　　　　　　　　　　　　　静态安全极限实验数据表

| 测量量 | $CD$ 段 | $C$ 点 | $GC$ 段 | $G$ 点 | $BJG$ 段 | $B$ 点 | $BF$ 段 |
|---|---|---|---|---|---|---|---|
| $U_G$ | | | | | | | |
| $I$ | | | | | | | |
| $P$ | | | | | | | |
| $Q$ | | | | | | | |
| $I_e$ | | | | | | | |
| $\delta$ | | | | | | | |

## 7.2　同步发电机进相运行实验

### 7.2.1　进相运行基本概念

图 7-3 是发电机直接接于无限大容量系统的情况，其机端电压 $\dot{U}_G$ 恒定。设发电机电动势为 $\dot{E}_q$，负荷电流为 $\dot{I}$，功率因数角为 $\varphi$，调节励磁电流 $I_e$，在 $\dot{U}_G$ 不变的条件下，随着 $\dot{E}_q$ 的变化，功率因数角 $\varphi$ 也在变化。如增加励磁电动势，$\dot{E}_q$ 变大，此时负荷电流 $\dot{I}$ 产生去磁电枢反应，功率因数角 $\varphi$ 是滞后的，发电机向系统输送有功功率 $P$ 和无功功率 $Q$，即为迟相运行。反之，如减少励磁电流，使 $\dot{E}_q$ 减小，功率因数角就变为超前，发电机负荷电流 $\dot{I}$ 产生助磁电枢反应。这时发电机向系统输送有功功率 $P$，但吸收无功功率 $Q$，称为进相运行。由于发电机的类型、结构、冷却方式及容量等不同，在进相运行时允许供出多少 $P$ 和

吸收多少 $Q$，在理论上的计算是不够精确的。规程规定"发电机是否能进相运行应遵守制造厂的规定，制造厂无规定的应通过实验来确定"。进相运行的可能性决定于发电机端部结构件发热和电网中的运行稳定性。

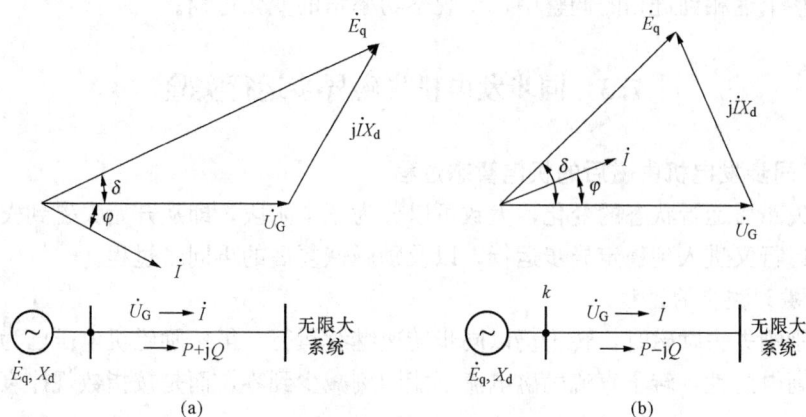

图 7 - 3　迟相与进相运行概念图
(a) 迟相运行；(b) 进相运行

### 7.2.2　同步发电机进相运行实验

起动发电机组至额定转速，合上发电机励磁开关，建立额定电压，将发电机经输电线路与系统并列，增加原动机出力和发电机励磁，使发电机带上额定有功功率和无功功率，然后进行如下实验。

1. 调整发电机使其进相运行

当发电机运行在额定有功功率和无功功率时，观察各种表计和功率角，可看到发电机输出无功功率，即为迟相运行。将发电机的励磁电流、无功功率、有功功率、机端电压、定子电流和功率角记录在表 7 - 3 中。然后将发电机励磁下降，直至无功功率为零，即为纯有功运行，记录各种表计读数和功率角，填入表 7 - 3 中，并与上次比较。

表 7 - 3　　　　　　　　　　　　　发电机进相运行实验数据表

| 序号 | $I_f$ | $Q$ | $P$ | $U_G$ | $I$ | $\delta$ |
|------|------|------|------|------|------|------|
| 1 |  |  |  |  |  |  |
| 2 |  |  |  |  |  |  |
| 3 |  |  |  |  |  |  |
| 4 |  |  |  |  |  |  |
| 5 |  |  |  |  |  |  |

继续降低发电机励磁，使其无功表反向，即吸收无功功率，为进相运行，观察此时发电机的运行状态。

2. 观察进相运行对稳定的影响

当继续缓慢降低发电机励磁时，进相无功将继续增大。机端电压随之下降，直至发电机失去稳定，与系统异步运行为止，此时发电机电压崩溃，发电机转速上升，这时应立即减少原动机功率，维持机端电压额定，如不能拉入同步，则应迅速解列，调整发电机转速使之为额定。

在实验过程中，应分别记录发电机进相运行时的最大稳定无功功率以及发电机和系统的电压值，在整个迟相到进相的调整中，要观察功率角的变化过程。

## 7.3　同步发电机失磁异步运行实验

### 7.3.1　同步发电机失磁后的机电暂态过程

发电机失磁后运行状态的变化，大致可以分为三个阶段，即从开始失磁到失步，失步后从暂态异步运行又进入到稳定异步运行，以及励磁恢复后的再同步过程。

1. 从失磁到失步的过程

发电机刚刚失去励磁时，转子仍以同步转速继续运行。虽然励磁机电压已为零，但由于励磁回路的高电感性，转子直流励磁电流不能即刻减少到零，而是按指数规律衰减到零，即

$$i_e(t) = i_e(0)e^{t/\tau_e}$$

式中：$i_e(t)$ 为失磁后 $t$（单位为 s）时刻的转子直流励磁电流；$i_e(0)$ 为失磁前瞬间 $t=0$ 时刻的转子励磁电流；$\tau_e$ 为转子回路时间常数，如果励磁绕组开路，则由纵轴阻尼回路时间常数来决定。

相应的发电机感应电动势也按下式减小，即

$$E_q(t) = [E_q(0) - E_{q \cdot rest}]e^{-t/\tau_e} + E_{q \cdot rest}$$

式中：$E_q(t)$ 为失磁后 $t$（单位为 s）时刻的定子感应电动势；$E_q(0)$ 为失磁前瞬间 $t=0$ 时刻的定子感应电动势；$E_{q \cdot rest}$ 为由剩磁所产生的定子感应电动势。

如果发电机端电压为无限大容量母线电压，$U_G$＝常数，则根据电磁功率公式，发电机送出的同步电磁功率亦将随 $E_q(t)$ 而减小。

由于电磁功率的减小，在转子上出现转矩不平衡的现象，即原动机转矩用以抵消电磁转矩和摩擦转矩之外，还有剩余转矩，从而驱使同步机加速，使 $E_q(t)$ 与 $U$ 之间的夹角 $\delta$ 不断增大，以恢复发电机电磁功率 $P_E$ 与原动机功率 $P_T$ 间的暂时平衡。如忽略摩擦损耗功率，则可得图 7-4，图中点 2 和 3 为发电机失磁后暂态过程的一个暂时平衡点。如果这种状态继续下去，当励磁电流减小到某个值时，使 $\delta$ 角增大到大于静态稳定极限角，$P_T > P_E$ 则发电机在剩余转矩作用下，终将失去同步，转子被加速而超出同步转速运行。

当发电机超出同步转速运行时，发电机转子与定子旋转磁场有了相对运行，即它们之间有了转差率。这时，发电机便以转差率 $s$（$s < 0$）超出同步转速，而进入异步状态运行，如图 7-4 所示。

该转差率在励磁绕组、阻尼绕组中感应出转差率频率电流，此电流产生的磁场与定子转旋转磁场相互作用产生制动异步转矩 $M_{as}$ 和异步制动功率 $P_{as}$，它将随转差率增大而增大，而原动机输入功率 $P_T$ 将按调速器特性随转速增大而减小（或人为地减小 $P_T$），当 $P_T = P_{as}$ 时（即图 7-4 点 4），达到新的平衡，发电机进入到稳定异步运行状态，$s$ 维持一定值。

2. 从暂态异步运行到稳态异步运行过程

发电机在异步状态运行时，由于定子绕组仍接于电网，在定子绕组中继续流过三相对称的无功电流，此电流所产生的旋转磁场同样为同步旋转磁场。当转子以转差率 $s$ 切割定子同

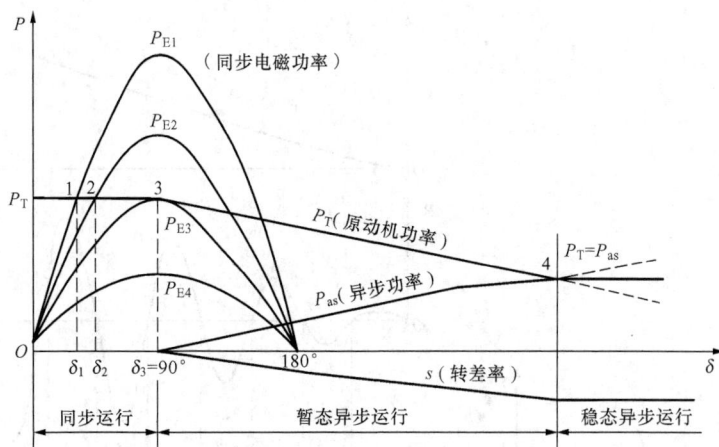

图 7-4 发电机失磁过程功率角与功率变化示意图

步旋转磁场时，在转子绕组、阻尼绕组及转子的齿与槽楔中，将分别感应出转差率频率的交流电流，这个单相交流电流就是发电机推动直流励磁以后的交流励磁电流。该电流又建立了以同样频率相对于转子脉动的磁场。所以，发电机在异步状态运行时，其电磁转矩即为定子同步旋转磁场和转子各回路电流所对应的脉动磁场相互作用而产生的转矩分量的总和。

同样，在转子纵轴和横轴阻尼回路中，也感应出相应于转差率频率的单相电流，并产生脉动磁场。这些磁场可分成旋转方向相反的两个磁场，其正向旋转磁场产生以双倍转差率频率交变的异步转矩分量，反向旋转磁场产生符号不变的恒定的异步转矩分量。发电机失磁后，在异步状态运行时，其异步转矩即为以上各异步转矩分量之和。

在一定范围内，转速越高，异步转矩越大。当异步转矩与原动机转矩相平衡时，就出现了新平衡状态，此时转速不再升高。电机在某一转差率下维持稳定运行，故称这种运行状态为稳定异步运行。

3. 再同步过程

处于异步运行的发电机恢复励磁电流后，由异步重新转入同步运行的过程称为再同步过程。这一过程可从作用在转子上转矩的变化加以阐述。

(1) 异步转矩。

未恢复励磁时，发电机转矩主要受原动机传递过来的驱动转矩 $M_T$ 和起阻力矩作用的异步转矩 $M_{as}$ 共同作用，维持一定的转差率，稳定运行。$M_T$ 和 $M_{as}$ 两个转矩对应的功率为 $P_T = M_T s$ 和 $P_{as} = M_{as} s$，如图 7-5 (a) 所示。

异步转矩是由定子旋转磁场、与转子反向旋转的磁场相互作用产生的。其作用是让转子接近同步转速，当转子转速低于同步转速时，它帮助转子升速 ($s > 0$)；反之它将降低转子的转速 ($s < 0$)，故为阻力矩。但它永远不能把转子拖入同步，转子一进入同步，则 $s = 0$，异步转矩 $P_{as}$ 亦告消失。另一个异步转矩是由定子旋转磁场以及与转子同向旋转的磁场相互作用产生的，它以两倍于转差率频率而交变，其平均值趋近于 0，故在再同步过程中不起同步作用。

(2) 同步转矩。

当直流励磁电流恢复时，其过程也是按指数规律增加的 [见图 7-5 (b)]，励磁电流 $I_e$

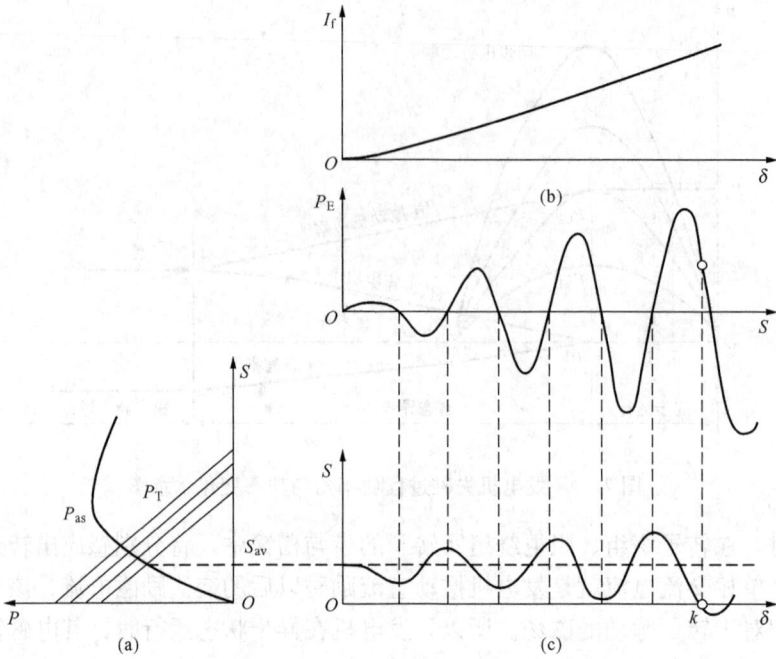

图 7-5　投入直流励磁重新进入同步的过程

(a) 稳态异步运行转差率的逐渐减小；(b) 励磁电流恢复过程；

(c) 瞬时转差率的抵达零值

所建立的转子磁场与定子磁场相作用产生同步转矩 $M_E$，同步转矩对转子的作用是将转子拉入同步。随着励磁电流 $I_e$ 的增长，与之成正比的发电机电动势也逐步增大，相应地，同步转矩 $M_E$ 及电磁功率 $P_E$ 也随之变化，即

$$P_E = \frac{E_q U_G}{X_d(s)} \sin(\delta_0 + st) \tag{7-1}$$

$$M_E = P_E / s \tag{7-2}$$

式中：$E_q$ 为发电机内电动势；$U_G$ 为发电机端电压；$X_d$ 为直轴同步电抗，是转差率 $s$ 的函数，当 $s=0$ 时，$X_d(s) = X_d$，当 $s$ 增大时，$X_d(s)$ 减小，$s$ 足够大时，$X_d(s)$ 接近于 $X_d''$；$\delta_0$ 为 $t=0$ 时的功率角。

由式（7-1）可以看出，同步功率 $P_E$（或同步转矩 $M_E$）是以转差率频率作正弦脉动的，时正时负，如图 7-5（c）所示。在同步功率为正的半周内，发电机转子减速，瞬时转差率减小；同步功率为负的半周内，发电机转了加速，瞬时转差率增大，且随着励磁电流的增大，同步功率的振幅也逐渐增大，瞬时转差率的变化幅度也逐渐增大。另一个趋势是运行人员在减负荷，使平均转差率逐步减小，这样有可能在某一瞬间，如图 7-5（c）中的 $k$ 点，瞬时转差率抵达 0 值，发电机便重新拖入同步运行，异步转矩消失。

### 7.3.2　同步发电机失磁后观测到的现象

发电机失磁后的异步运行状态与失磁前的同步运行状态相比有许多不同之处，这点也可由表计的变化看出。通过上述对发电机失磁后的机电暂态过程的分析，可以清楚地看出产生这些不同的原因。

1. 转子电流表指示等于零或接近于零

当发电机失去励磁后，转子电流迅速地按指数规律衰减，其减小的程度与失磁原因、剩磁大小有关。当励磁回路开路时，转子电流表指示为零；当励磁回路短路或经小电阻闭合时，转子回路有交流电流通过，直流电流表有指示，但指示值很小。

2. 定子电流表摆动且指示增大

定子电流显著增大。由于需要建立工作磁通（磁化电流）和漏磁通，故无功分量增大了，定子电流以及从电网吸收的无功功率随转差率 $s$ 的增大而增大。

定子电流增大的同时又发生摆动的原因有二。第一是由于转子正向旋转磁场分量在定子绕组里感应出频率为 $(1+2|s|)$ 的交流电流，该交流电流叠加在定子基频电流上，从而形成周期性的振荡，造成定子电流摆动且幅值明显增大。第二是发电机磁路不对称。发电机磁路略有不对称时，磁阻小的地方电流所产生的磁通密度大，磁阻大的地方同一电流所产生的磁通密度小。因此，在定子绕组中所产生的 $(1+2|s|)$ 频率电流的幅值也随之发生波动，其波动频率与转子的转速一致。

3. 有功功率表指示减小，并且也发生摆动

发电机失磁后转入异步运行的过程中，由于转矩不平衡，引起转速的升高，在调速器失灵区范围以外，调速器自动关小汽门（或导水翼）。原动机输入功率减小，发电机输出的有功功率也相应减小，直到原动机转矩 $M_T$ 与发电机异步转矩 $M_{as}$ 相平衡时，调速器停止动作，有功功率输出达到小于初始功率的某一稳定值。

有功功率的摆动，是由转子正向旋转磁场产生的两倍转差率频率的异步转矩所致。

4. 无功功率表指示负值，功率因数表指示进相

发电机失磁转入异步运行后，相当于一个转差率为 s 的异步发电机。一方面向系统输送有功功率；另一方面也从系统吸收大量的无功功率，其值约为 $(0.7\sim0.8)P_N$。所以无功功率表指示负值，功率因数表指示进相。

5. 机端电压显著下降，且随定子电流摆动

由于定子电流增大，线路压降增大，导致机端电压下降，危及厂用负荷的安全稳定运行。如在发电机带 $50\%P_N$ 时，6.3kV 厂用母线电压的平均值约仍为失磁前的 $78\%$，最低值达 $72\%$。

6. 转子各部分温度升高

异步运行发电机的励磁绕组、阻尼绕组、转子铁芯等处产生转差率电流，在转子上引起损耗使转子的温度升高，特别是在转子本体端部，温度升得更高。它们的大小与异步电磁转矩和转差率成正比，严重时将危及发电机的安全运行。

### 7.3.3　同步发电机的失磁异步运行实验

发电机失磁异步运行实验不仅能真实而准确地从电网和发电机的综合特性判定发电机的异步运行能力，还能全面考核汽轮发电机组、自动调节系统及保护装置的综合性能和运行可靠性。

1. 部分失磁后的暂态过程实验

同步发电机与系统并列运行，并输出一定有功功率，突然减少励磁使其部分失磁，采用录波器记录发电机电流、电压、功率、转差率等量，进行研究分析。当发电机输出功率较小，或部分失磁后励磁电流较大时，发电机仍会维持同步运行，研究的重点是发电机不能维

持同步运行的情况，所以应适当地选择发电机输出功率和部分失磁后的励磁电流，使之部分失磁后能进入异步运行，并且使发电机的转差率较小。在这种情况下，研究在恢复励磁过程中，不同的励磁电流值对发电机再同步的影响以及手动调节减少有功功率输出，促使发电机再同步的过渡过程。

2. 全失磁后的暂态过程实验

一般同步发电机在运行中，可能出现三种失磁故障，即发电机转子绕组开路、转子绕组经励磁机电枢短路和经灭磁电阻短路。

实验前，将并列在系统运行的同步发电机的输出功率、励磁电流及所有电量进行记录，然后进行失磁实验。用录波器记录发电机由同步转入异步、由暂态异步运行到稳态异步运行以及再给予励磁拉入同步的全过程。

# 7.4　同步发电机的不对称运行实验

电力系统的不对称运行是指组成电力系统的电气元件三相对称状态遭到破坏时的运行状态，如三相阻抗不对称、三相负荷不对称等。而非全相运行是不对称运行的特殊情况，即输电线、变压器或其他电气设备断开一相或两相时的工作状态。

当电力系统在不对称状态下运行时，将导致电压和电流对称性的破坏，出现负序电流。当变压器中性点接地时，还会出现零序电流，这将引起一些不利的影响。

同步发电机的不对称运行实验原理接线如图 7-6 所示，第Ⅰ回（XL1）输电线路的两端采用 QF1、QF3 开关，第Ⅱ回（XL2）输电线路的两端采用 QF2、QF4 分相开关，都可进行单相跳闸。当做非全相运行实验时，QF1、QF3 开关不合上，即输电线路Ⅱ回运行，任意断开一相则成两相运行。当做不对称负荷实验时可单独接不对称负荷，也可采用双回路运行，断开输电线路两回中的其中一相，使并联的双回输电线路不对称运行。

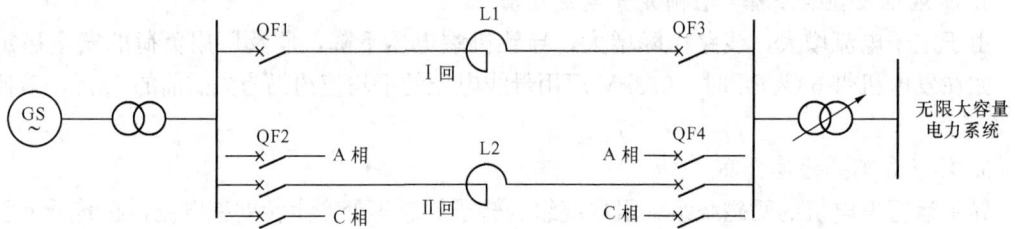

图 7-6　不对称运行实验原理接线图

## 7.4.1　非全相运行实验

如图 7-6 所示建立实验系统，起动发电机组，经能分相操作的模拟输电线路与系统并列运行，并带上一定的有功和无功负荷，记录此时的各相电流、电压以及有功功率、无功功率和功率角，填入表 7-4 中。

断开任一相线路开关，使系统处于非全相运行状态，即两相不对称运行状态。同时观察系统和发电机遥测表的变化情况，以及功率角的摆动情况。注意：一般实验设备使用的有功、无功测量装置均采用三相电压、两相电流方式，按两表法原理测量功率，故要求三相完全对称，才能读数正确，在不对称情况下，此类表不能正确反映实际的有功、无功功率。

**表7-4** 不对称运行实验数据表

| 运行方式 | $I_A$ | $I_B$ | $I_C$ | $U_A$ | $U_B$ | $U_C$ | $P$ | $Q$ | $\delta$ |
|---|---|---|---|---|---|---|---|---|---|
| 正常运行 | | | | | | | | | |
| 非全相运行 | | | | | | | | | |
| 不对称运行 | | | | | | | | | |

### 7.4.2 不对称运行实验

方法一：将同步发电机通过变压器和输电线路与不对称负荷相接，改变负荷的不对称程度和负荷大小，观察各相电流、电压以及有功功率、无功功率的变化。

方法二：采用图7-6所示的双回路输电线路系统，即合上 QF1、QF3、QF2、QF4 开关。然后断开任一相线路开关，使系统处于不对称运行，记录此时的各相电流、电压以及有功功率、无功功率和功率角。

发电机不对称负荷的允许范围，由以下三个条件决定：

(1) 负荷最重的那一相的定子电流，不应超过发电机的额定电流；

(2) 转子任何一点的温度，不应超过转子绝缘材料等级和金属材料的允许温度；

(3) 不对称运行时出现的机械振动，不应超过允许范围。

## 7.5 电力系统静态稳定实验

### 7.5.1 静态稳定分析的基本方法

当系统由于负荷变化、元件的操作或发生故障而打破功率平衡状态后，各发电机组将因功率不平衡而发生转速的变化。由于各发电机组功率不平衡的程度不同，因此发电机组转速变化的规律也不同，有的变化较大，有的变化较小，甚至可能出现一部分发电机组因输出功率减小而加速时，另一部分发电机组因输出功率增加而减速，从而导致原来保持同步运行的各发电机组的转子之间产生相对运动。如果各发电机组在经历一段相对运动过程后能重新恢复到原来的平衡状态，或者在某一新的平衡状态下同步运行，则称系统是静态稳定的。反之，如果在受到扰动后各发电机组间产生很剧烈的振荡，最后导致机组之间失去同步运行，则称这样的系统是静态不稳定的。电力系统静态稳定分析常用的方法如下。

(1) 实用判据 $\mathrm{d}P/\mathrm{d}\delta$。

以简单系统为例，其静态稳定的实用判据为

$$\frac{\mathrm{d}P_E}{\mathrm{d}\delta} > 0$$

式中：$\delta$ 为发电机的功率角，表示各发电机电动势间的相位差；$P_E$ 为发电机的电磁功率，kW。由功率方程式 $P_E = \dfrac{EU}{X_\Sigma}\sin\delta$ 可得

$$\frac{\mathrm{d}P_E}{\mathrm{d}\delta} = \frac{EU}{X_\Sigma}\cos\delta \tag{7-3}$$

在某一运行状态（$\delta = \delta_0$）下，$\mathrm{d}P_E/\mathrm{d}\delta$ 越大，系统的静态稳定程度就越高。当 $\delta = 90°$ 时 $\dfrac{\mathrm{d}P_E}{\mathrm{d}\delta} = 0$，达到稳定的临界点。实际上，这一点是不能正常运行的，因为当受到任何一个小

干扰时功率就会不断增大，此角度称为静态稳定极限角，它正好与功率极限值相一致。

如果发电机是凸极式的，与前类似，只有在曲线的上升部分运行时系统是静态稳定的。在等于零处是静稳定极限，此时略小于 $90°$。显然，静稳定极限与功率极限也是一致的。

（2）小干扰法分析系统的静态稳定性。

所谓小干扰法，就是首先列出描述系统运动的方程，通常是非线性的微分方程组，然后将它们线性化，得出近似的线性微分方程组，再根据其特征方程根的性质判断系统的稳定性。利用小干扰法分析上述简单系统的方法如下。

不计发电机的阻尼作用，线性化的小干扰方程式为

$$\frac{\mathrm{d}\Delta\omega}{\mathrm{d}t} = -\frac{S_{Eq}}{T_J}\Delta\delta$$

式中：$\frac{\mathrm{d}\delta}{\mathrm{d}t}=\omega$，$\delta=\omega t+\delta_0$；$\frac{\mathrm{d}\Delta\delta}{\mathrm{d}t}=\frac{\mathrm{d}\omega}{\mathrm{d}t}\Delta t-\Delta\omega$，$\Delta\delta=\omega\Delta t$，$S_{Eq}$ 为同步功率系数，

$$S_{Eq} = \frac{\mathrm{d}P_E}{\mathrm{d}\delta}\bigg|_0$$

上述两式的特征方程为

$$P^2 + \frac{\omega_0 S_{Eq}}{T_J} = 0$$

解得方程的两个根为 　　　　　$P_{1,2} = \pm\sqrt{-\frac{\omega_0 S_{Eq}}{T_J}}$

通过分析根的性质可判断系统在给定运行方式下是否静态稳定。不考虑自动励磁调节装置时，静态稳定的数据为

$\frac{\mathrm{d}P_E}{\mathrm{d}\delta}>0$，即 $\delta<90°$ 时系统静态稳定；

$\frac{\mathrm{d}P_E}{\mathrm{d}\delta}<0$，即 $\delta>90°$ 时系统静态不稳定；

$\frac{\mathrm{d}P_E}{\mathrm{d}\delta}=0$，即 $\delta=90°$ 时系统处于静态极限稳定。

$E_q$ 恒定不变时，$\delta=90°$ 对应的发电机输出的电磁功率 $P_{max}=E_q U/X_\Sigma$，称为静态稳定极限功率或功率极限。

### 7.5.2　简单电力系统的静态稳定实验

实验系统接线图如图 7-7 所示（为了简化可取消变压器），此系统为单台发电机通过双回路长输电线路向无穷大系统送电，在长输电线路中部增加了开关站，即将双回路输电线路分成了四段，分别为 L1、L2、L3、L4 线路，使发电机与无穷大系统之间可构成四种不同的联络阻抗。第一种联络阻抗为 $X_1+X_3$ 或者 $X_2+X_4$；第二种联络阻抗为 $X_1/\!\!/X_2+X_3/\!\!/X_4$；第三种联络阻抗为 $X_1/\!\!/X_2+X_3$（或 $X_4$）；第四种联络阻抗为 $X_1$（或 $X_2$）$+X_3/\!\!/X_4$。

测量发电机的有功功率 $P$、无功功率 $Q$、定子电流 $I$、定子电压 $U_G$ 以及中间开关站电压 $U_m$ 和无限大系统电压 $U_s$。

#### 1. 单回路静态稳定运行实验

单回路静态稳定运行实验接线如图 7-7 所示，采用单回路运行方式，即仅将 L1 和 L3 线路投入运行，原动机可选用手动模拟方式开机，同步发电机励磁采用手动励磁方式，具体

实验步骤如下：

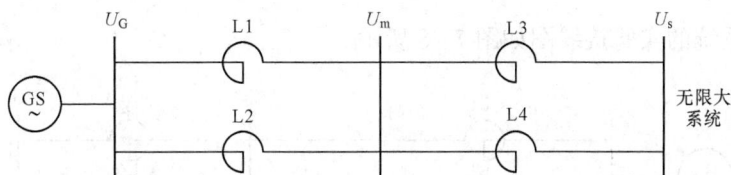

图 7-7 简单电力系统实验接线图

（1）起动发电机组至额定转速；

（2）建立发电机电压至额定值；

（3）合上无限大系统和一条输电线路开关；

（4）通过同期装置使发电机与无限大系统并列；

（5）调整发电机励磁和原动机输出，即调整有功功率和无功功率；

（6）记录发电机侧、无限大系统侧的遥测值及线路开关站的电压值于表 7-5 中；

（7）继续逐步增大发电机的励磁和原动机输出，使发电机处于不同的运行工作点（直至发电机失步记录临界稳定点），然后记录实验数值，重复上述 5）、6）两步骤；

（8）计算输电线路电压损耗 $\Delta U$、电压降落 $\Delta \dot{U}$ 值；

（9）分析、比较运行状态不同时，运行参数变化的特点及数值范围，如沿线电压变化、两端无功功率的方向等。

2. 双回路静态稳定运行实验

将原来的单回路线路改成双回路运行，按单回路静态稳定运行的实验步骤进行操作，将实验数据也记录于表 7-5 中，并与实验（1）的结果进行比较和分析。

表 7-5　　　　　　　　　　静态稳定性实验数据表

| 输电方式 | $P$（W） | $Q$（V） | $I$（A） | $U_G$（V） | $U_m$（V） | $U_s$（V） | $\Delta U$（V） | $\Delta \dot{U}$（V） |
|---|---|---|---|---|---|---|---|---|
| 单回路线 | | | | | | | | |
| | | | | | | | | |
| | | | | | | | | |
| 双回路线 | | | | | | | | |
| | | | | | | | | |
| | | | | | | | | |

### 7.5.3　复杂电力系统的静态稳定实验

单台发电机与无限大容量系统并联运行称为简单系统，但是如果要计及对发电机有影响的各种因素，即使是单台发电机也是相当复杂的。现代电力系统电压等级越来越高，系统容量越来越大，网络结构也越来越复杂，实际系统中发电机台数很多，仅用单台机对无限大系统模型来研究电力系统，不能全面反映电力系统的物理特性，如网络结构的变化、潮流分布、多台发电机并列运行等。所以对复杂的电力系统，在工程计算中往往需要采用一些简化措施。

复杂电力系统的实验接线图如图 7-8 所示。

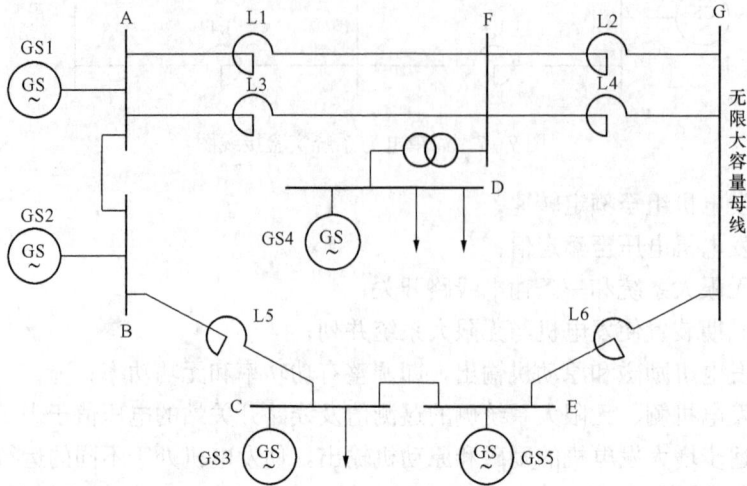

图 7-8　复杂电力系统实验接线图

1. 多机电力系统的静态稳定性实验

按图 7-8 所示的网络进行实验接线，研究系统在以下的不同运行方式下的静态稳定性。

（1）网络结构变化对系统静态稳定性的影响实验。

1）线路全部投入运行时，环型电力网的静态稳定性实验研究。

2）切除 L5 或者 L6 线路后，辐射型电力网的静态稳定性实验研究。

3）切除 L5 和 L6 线路后，T 形电力网的静态稳定性的实验研究。

（2）在同种网络结构下，改变负荷性质和大小对系统静态稳定性的实验研究。

1）调整发电机的有功、无功输出的实验。

2）在长输电线路的中间开关站母线 F 上，突加、突减大负荷的实验。

3）突加、突减纯电阻或纯电感负荷的实验。

在系统的上述不同运行方式下，研究下列各量的变化情况：

1）各节点电压，特别是母线 F 电压的变化。

2）各线段传输的功率的变化。

3）各母线电压间相角 $\delta_{AG}$、$\delta_{BG}$、$\delta_{CG}$、$\delta_{DG}$、$\delta_{EG}$ 的变化。

4）各同步发电机功率角的变化。

2. 独立电力系统的静态稳定性实验

所谓独立电力系统，就是被研究电力系统中的各元件，如同步发电机、变压器、输电线路、负荷等均不与无限大容量系统相接，即同步发电机的电压、频率不受无限大系统的频率和电压的制约，而单独构成一个系统。独立电力系统的发电功率与用电功率相平衡，原动机调速器和发电机励磁调节器，按各自的调差系数进行工作，达到相对稳定。

实验接线如图 7-8 所示，图中无限大电源开关不合闸，选用 3～5 台发电机作为电源，配若干条输电线路，带上三组感性负荷，构成一个独立电力系统进行如下的静态稳定性研究。

　　(1) 投、切感性负荷，记录各发电机和输电线路的 $P$、$Q$、$U$、$I$、$\cos\varphi$ 的变化。

　　(2) 投、切纯无功负荷，记录各发电机和输电线路的 $P$、$Q$、$U$、$I$、$\cos\varphi$ 的变化。

　　(3) 投、切纯有功负荷，记录各发电机和输电线路的 $P$、$Q$、$U$、$I$、$\cos\varphi$ 的变化。

　　(4) 改变网络结构，观察并记录独立电力系统中各运行参数的变化。

　　(5) 切除一台带有负荷的发电机，观察负荷的转移和潮流分布的改变情况。

　　(6) 改变发电机励磁调节器的运行参数，重复进行以上实验并记录独立系统运行参数的变化。

　　(7) 改变发电机励磁调节器运行方式，重复进行以上实验并记录独立系统运行参数的变化。

## 7.6　电力系统暂态稳定实验

### 7.6.1　暂态稳定性概念

　　研究电力系统的暂态稳定性，是研究当发电机受到大的干扰时（比如发生短路故障、切除大容量的发电机、输电或变电设备等），能否还能继续保持同步稳定运行的问题。

　　电力系统遭受大的扰动后，由于系统的结构和参数发生了较大的变化，因而系统的功率分布及各发电机输出的电功率也随之发生大的变化。但是，由于原动机和调速机构有一定的惯性，需要经过一定的时间以后才能改变原动机输出的机械功率，这样就破坏了发电机与原动机之间的功率平衡，在发电机组的转轴上便会出现不平衡转矩。当发电机输出的电功率突然减小时，发电机组转子就要加速，转速逐渐升高；当发电机的输出电功率突然增大时，发电机组转子就要减速，转速逐渐降低。由于电力系统中各发电机转子的转动惯量不一样，因而各机组轴上不平衡转矩的变化情况也不一样。因此，各发电机转子之间将产生不同的相对运动。

　　电力系统遭受大的扰动以后，会产生两种不同的后果。一种是暂态过程逐渐衰减，系统各发电机组之间相对运动逐渐消失，使系统过渡到一个新的稳定运行状态，各发电机仍然保持同步运行，此时的电力系统是暂态稳定的。另一种后果是，在暂态过程中某些发电机之间的相对角度随时间不断增大，它们之间始终存在着相对转速，因此，系统会产生功率和电压的剧烈振荡，使一些发电机和负荷不能继续运行甚至导致系统解列，此时，各发电机组的运行失去了同步，电力系统是暂态不稳定的。

### 7.6.2　短路类型对系统暂态稳定性的影响实验

　　电力系统的故障可分为简单故障和复合故障两大类。所谓简单故障，指的是电力系统中某一处发生短路或断相的故障情况。而复合故障则是指两个以上的简单故障的组合。

　　电力系统短路故障包括三相对称短路、单相接地短路、两相短路和两相接地短路。后三者为不对称短路故障。电力系统纵向故障包括断一相、断两相的故障，也属于不对称故障。

　　实验接线方式为，发电机经双回路输电线路与无限大容量系统相接，短路故障点为第Ⅱ回线路的中点，如图7-9所示。

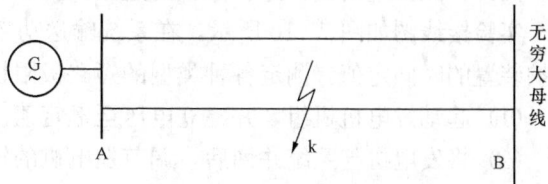

图7-9　实验一次系统图

本实验可在短路控制柜上进行单相接地短路、两相相间短路、两相接地短路和三相短路共四种短路类型的故障实验。

1. 小负荷情况下短路电流的测定

固定短路地点、固定短路故障时间和系统运行条件，在某一回线路上进行以上四种类型短路，测定此时各相的短路电流。

如在第二回线路的中点进行短路故障实验，短路故障时间整定为 0.5s，线路微机保护退出，分别在各种不同的运行条件下（发电机输出小负荷）进行以上实验，将实验数据填入表 7-6 中，进行短路类型对系统暂态稳定影响的比较分析。

**表 7-6**                                小负荷情况下短路电流实验数据

| 短路类型 | A相短路电流 | B相短路电流 | C相短路电流 |
| --- | --- | --- | --- |
| 单相接地短路 | | | |
| 两相短路 | | | |
| 两相接地短路 | | | |
| 三相短路 | | | |

2. 不同短路类型下的极限功率测定

将原动机调速器和发电机励磁调节器均设为手动方式，实验接线图不变，发电机并网以后，通过调速器的增（减）速按钮调节发电机向电网输出的功率，测定在不同短路故障时能保持系统稳定运行的发电机所能输出的最大功率，并进行比较、分析不同短路类型对暂态稳定的影响。实验数据填入表 7-7 中，将实验结果与理论分析结果进行分析比较，$P_{max}$ 为系统可以稳定输出的极限，当系统处于振荡临界状态时，记录有功功率遥测值及最大电流值。

**表 7-7**                            不同短路类型下的极限功率实验数据

| 短路类型 | 极限功率 $P_{max}$（W） | 最大短路电流 $I_{max}$（A） |
| --- | --- | --- |
| 单相接地短路 | | |
| 两相短路 | | |
| 两相接地短路 | | |
| 三相短路 | | |

### 7.6.3  继电保护的动作时限对暂态稳定的影响实验

快速切除故障在提高系统暂态稳定性方面起着首要、决定性的作用。快速切除故障能够减少加速面积，增加减速面积，提高发电厂之间并列运行的稳定性，且能使电动机的端电压迅速回升，减少电动机失速、停顿的危险，从而提高负荷的稳定性。

实验接线图如图 7-10 所示，在系统输送功率相同和同一地点故障的条件下，调整微机保护装置的时间定值，测定各种类型的短路极限切除时间。实验步骤如下：

（1）起动发电机机组，并建立电压至额定值。

（2）将发电机与系统并列后，调节发电机的输出功率为某一确定值（例如发电机可工作在额定全负荷或者半负荷）。

（3）将微机线路保护的自动重合闸功能退出，并将线路保护的动作时间整定在最小值。

（4）操作故障类型选择开关，整定好故障类型。

（5）按下短路按钮，模拟系统故障。

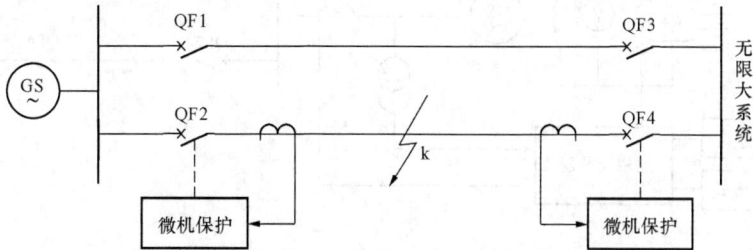

图 7 - 10　继电保护的动作时限对暂态稳定影响的实验接线图

此时微机保护动作，经整定的延时动作时间后跳开线路两侧开关，观察实验系统的工作情况。如发电机经几次摇摆后恢复了稳定，则适当加大微机保护动作时限的整定值，合上被切除的线路开关，再次按下短路按钮，进行故障实验。如此操作，逐步加大微机保护动作的时限，直到模拟故障切除后系统不能恢复稳定的最大动作时限，即为极限切除时间（未计及线路开关的动作时间）。记录实验数据于表 7 - 8 中进行分析比较。

**表 7 - 8　　　　　　　　　　不同类型短路的极限切除时间实验数据**

| 短路类型 | 半负荷时极限切除时间 | 全负荷时极限切除时间 |
| --- | --- | --- |
| 单相接地短路 | | |
| 两相短路 | | |
| 两相接地短路 | | |
| 三相短路 | | |

### 7.6.4　强行励磁对暂态稳定的影响实验

发电机都备有强行励磁装置，以保证当系统发生故障而使发电机端电压 $U_G$ 低于 85%～90% 的额定电压时，迅速大幅度地增加发电机的励磁电流 $I_e$，从而使发电机的空载电动势 $E_q$、发电机端电压 $U_G$ 增加，这样可增加发电机输出的电磁功率，因此强行励磁对提高发电机并列运行的稳定性和负荷的暂态稳定性都是很有利的。

强行励磁的效果与强励倍数、强行励磁速度有关，强励倍数越大，电压上升速度越快，则电力系统的稳定性就越好。

强行励磁对暂态稳定的影响实验主接线如图 7 - 11 所示，发电机励磁分别采用无强励方式和有强励方式的两种情况进行实验比较，针对 WDT - Ⅲ型电力系统综合自动化实验台中的 WL - 04B 型微机励磁调节器可采用恒 α 控制方式运行，即无强行励磁和采用恒 $U_G$ 控制方式运行，即有强行励磁。

实验步骤如下：

（1）发电机励磁采用微机他励方式；

（2）微机励磁调节器选用恒 $U_G$ 控制方式；

（3）起动发电机组至额定转速；

（4）励磁调节器自动建立发电机电压至额定电压；

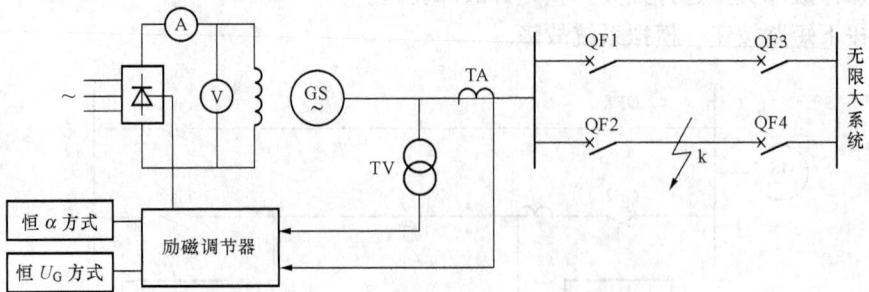

图 7-11　强行励磁对暂态稳定影响实验接线图

（5）调节发电机出力至额定负荷的一半；

（6）在输电线路中部进行短路故障实验。

　　观察发电机的稳定情况和发电机励磁电流、电压的变化情况，待发电机稳定运行后，将微机励磁调节器选用恒 α 控制方式，即无强励，在相同的输送功率、相同的故障地点和相同故障类型的条件下进行短路故障，观察发电机的稳定情况，分析和比较发电机的强行励磁对提高系统暂态稳定性的作用。

# 第8章 电力系统自动监控

电力系统由发电厂、输变电系统、配电系统和各种不同类型的负荷组成，由各级调度中心对系统的运行进行控制和管理。电力负荷始终是变动的，加上系统故障的不可预见性，电力系统有多种运行状态，因而要求电力系统的运行监视及调度控制系统能够进行快速、有效地判别和处理，以实现电力系统稳定运行的基本要求。电力系统各种运行状态及其相互间的转变关系如图 8-1 所示。

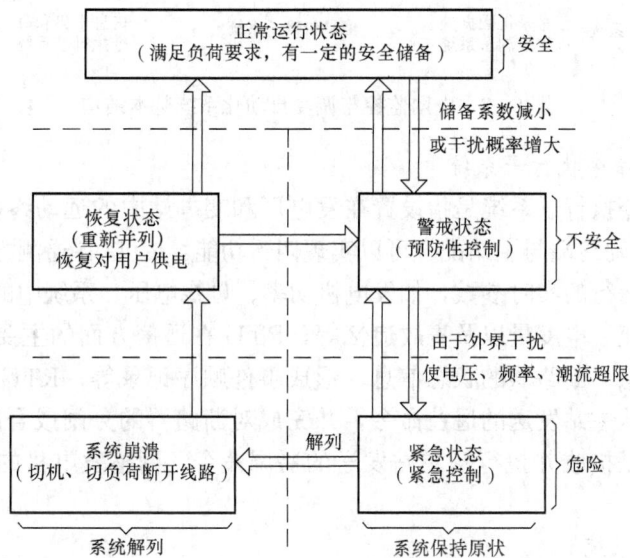

图 8-1 电力系统的运行状态框图

电网监控与调度自动化系统又称信息集中处理的自动化系统，可以通过设置在各发电厂和变电站的远动终端（RTU）采集电网运行的实时信息，通过信道传输到设置在调度中心的主站（MS）上，主站根据收集到的全局信息对电网的运行状态进行安全性分析、负荷预测以及经济调度控制等。当系统发生故障，继电保护装置动作切除故障线路后，调度自动化系统便可将继电保护和断路器的动作状态采集后送到调度员的监视器屏幕和调度模拟屏显示器上。调度员在掌握这些信息后可以分析故障的原因，并采取相应的措施使电网恢复供电。但是由于信息的采集、传输需要一定时间，所以目前在发生系统故障时还不可能依靠信息集中处理系统来切除故障。

## 8.1 自动监控系统的基本构成

以计算机为核心的电网监控与调度自动化系统的基本结构如图 8-2 所示，按其功能可以分成四个子系统。

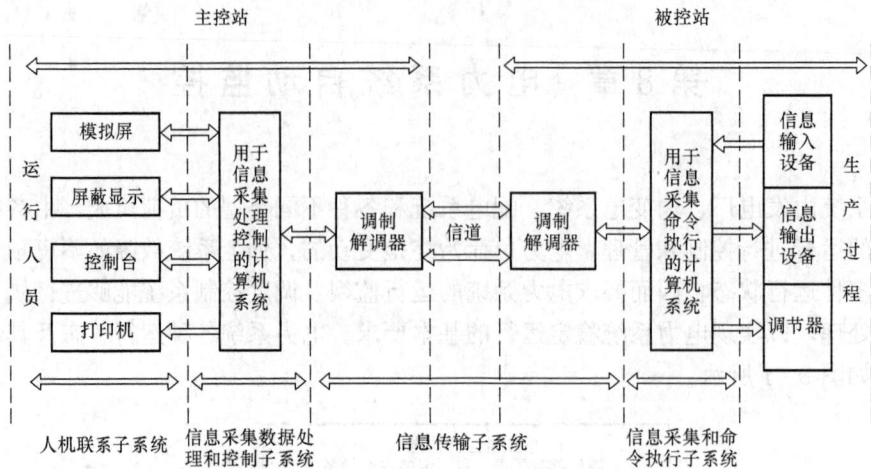

图 8-2　电网监控与调度自动化系统基本结构

### 1. 信息采集和命令执行子系统

信息采集和命令执行子系统是指设置在发电厂和变电站中的远动终端（包括变送器屏、遥控执行屏等）。远动终端与主站配合可以实现四遥功能：RTU 在遥测方面的主要功能是采集和传送电力系统运行的实时参数，如发电机功率、母线电压、系统中的潮流、有功负荷和无功负荷、线路电流、电度量以及事故追忆等；RTU 在遥信方面的主要功能是采集并传送继电保护的动作信息、断路器的状态信息、形成事件顺序记录等；RTU 在遥控方面的主要功能是接收并执行从主站发送的遥控命令，并完成对断路器的分闸或合闸操作；RTU 在遥调方面的主要功能是接收并执行从主站发送的遥调命令，调整发电机的有功功率或无功功率等。

### 2. 信息传输子系统

信息传输子系统按信道的制式不同，可分为模拟传输系统和数字传输系统两类。

对于模拟传输系统，其信道采用电力线载波机、模拟微波机等，远动终端输出的数字信号必须经过调制后才能传输。模拟传输系统的质量指标可用其衰耗—频率特性、相移—频率特性、信噪比等来反映，它们都将影响到远动数据的准确度。

对于数字传输系统，其信道采用数字微波、数字光纤等，低速的远动数据必须经过数字连接设备，才能接到高速的数字信道。随着通信技术的发展，数字传输系统所占的比重将不断增加，信号传输的质量也将不断地提高。

### 3. 信息的采集处理和控制子系统

为了实现对整个电网的监视和控制，信息采集处理和控制子系统收集分散在各个发电厂和变电站的实时信息，对这些信息进行分析和处理，并将结果显示给调度员或产生输出命令对系统进行控制。

### 4. 人机联系子系统

高度自动化技术的发展要求调度人员在先进的自动化系统的协助下，充分、深入和及时地掌握电力系统的实时运行状态，作出正确的决策并采取相应的措施，使电力系统能够更加安全、经济地运行。从电力系统收集到的信息，经过计算机加工处理后，通过各种显示装置反馈给运行人员。运行人员收到这些信息作出决策后，再通过键盘、鼠标、显示屏触摸等操作手段对电力系统进行控制。

## 8.2　自动监控系统主站

以计算机为核心的电力系统监控系统的框架结构如图 8-3 所示。从图中可以看出电力系统测控系统采取的是闭环控制，但由于电力系统本身的复杂性，还必须有人（调度人员）的参与，从而构成了完整、复杂、紧密耦合的人机环境系统。

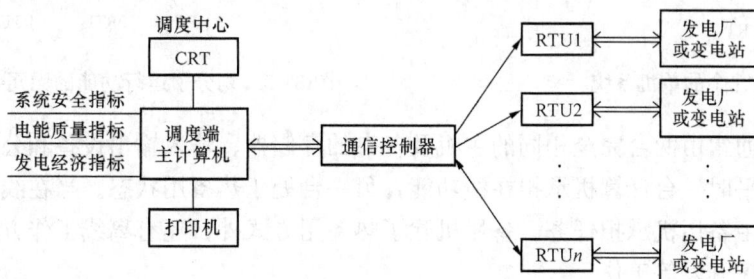

图 8-3　电力系统监控系统的框架结构

### 8.2.1　集中式监控主站系统结构

基于对主站控制系统的不同要求，在 20 世纪 90 年代前出现某些公认的、典型的系统配置，这些系统配置多采用集中耦合方式，即计算机之间采用接口与接口的连接方式，计算机多以小型计算机为主，这主要是受到当时的计算机硬件结构和价格昂贵的限制，人们希望一机多用，软件的功能模块之间界限不清楚。

1. 单机系统

在主站控制系统中最基本的配置方案是无冗余的单机系统，如图 8-4 所示，即一台计算机作为主计算机构成系统。第一种方法是把主计算机作为连接所有控制设备的结合点设备。在这种情形中，主要问题是任何时间外部设备执行一个信息任务，发送或请求存储或恢复主计算机的数据都要中断主计算机的 CPU。这种系统除了处理、传输数据之外，只剩下部分时间来运行主程序，因此系统响应比较慢。

图 8-5 所示的是一个划分了运行功能的无冗余单机系统。它是在图 8-4 所示方案的基础上，采用通信控制专用计算机和人机连接专用计算机构成系统，以提高计算机的工作负荷能力。通信控制专用计算机实现前置于系统的数据处理，一般它服务于两个方面：一是接口子通信系统；二是执行某些数据处理。经 DMA（Direct-Memory-Access）方式，数据以高速度直接送至主计算机存储器内，因此，主计算机中断频率相应减少。人机联系计算机控制操作显示的数据处理，可以存储局部的显示信息，使之显示变化所需要的响应时间减少到最短。当然也可以采用 DMA 方式访问主计算机存储器。

在单机系统配置中，任何一个关键性的系统元件损坏，都会导致整个主站控制系统停止运行，因此通常应用于小系统，例如变电站综合自动化系统中。

2. 双机系统

随着计算机在调度自动化系统中地位的提高和功能的增强，单机系统的可靠性已不能满足要求，双机系统越来越普遍用于电力调度自动化系统中。

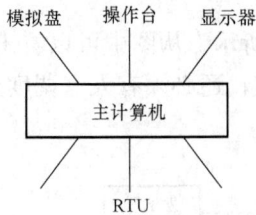

图 8-4　无冗余的单机系统　　　　　图 8-5　划分了运行功能的无冗余的单机系统

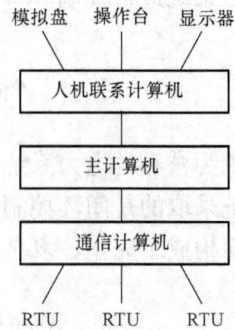

　　双机系统通常由两台完全相同的主机及各自的存储器、输入输出设备和公用的输入输出设备等构成。平时一台计算机承担在线功能，另一台处于热备用状态。当在线机故障时，自动进行切换，由备用机承担任务。备用机除了热备用方式外，还有离线工作方式，以便进行系统维护或程序开发等工作。

　　另一种双机系统配置方案是两台计算机各承担一部分在线任务。其中一台承担较重要的基本任务，称为主计算机，另一台分担较次要的，但较复杂而且费时较长的在线和离线计算任务，称为副计算机。两台计算机之间有紧密的联系通道，当主机故障时，所有重要的基本任务都将由副机自动接替。这时副机变成主机，暂时停止次要功能，直到故障修复为止。

　　3. 主机-前置机系统

　　前置机的作用是承担处理周期快而计算简单的实时任务，如远动信息的采集与处理、计算机通信的控制等。有了前置机，可以减轻主计算机的负担而使主机能做更多复杂的任务，因此许多电力系统计算机监控系统都采用主机—前置机系统配置方案。图 8-5 所示方案中的通信专用计算机就是一种前置机的概念。为了保证可靠性，主机和前置机都用两套，形成广义的双机系统。

　　图 8-6 所示的是主机-前置机系统内各台计算机之间不同的联系方式。第一种方式如图 8-6（a）所示，前置机可以看成是主机的延伸，优点是连接简单，但不论是主机或前置机，只要有一个出问题，就要引起整个系统的切换，可靠性差。第二种方式见图 8-6（b），增加了前置机和另一台主机的联系通道，这样任一台前置机或主机出了故障，只要切换计算机本身，不必整个系统都切换，提高了可靠性，但相应的硬件和监视软件也要复杂一些。

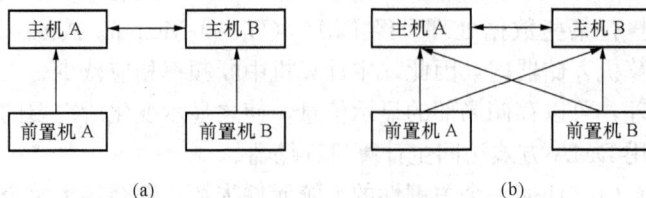

(a)　　　　　　　　　　　(b)

图 8-6　主机与前置机的连接方案
（a）方式一；（b）方式二

#### 8.2.2　分布式监控主站系统结构

20 世纪 90 年代以来，计算机硬件技术得到迅猛发展，计算机局部通信网络（LAN）得到广泛地应用，面向对象技术也在计算机中得到广泛应用和体现。面向对象技术由面向对象分析（OOA）、面向对象设计（OOD）和面向对象实现（OOP）三部分组成。由于对象具有数学模型稳定、接口简单、规范等特征，开发出的软件的可复用性、可扩充性和可靠性都有明显的提高，所以面向对象技术适合于大型软件系统的开发。在此基础上，监控主站系统向分布式的体系结构发展，分布式系统意味着能将整个主站控制系统的任务分解成界面明确的较小的部分，将分解后的各部分内容分别在主站控制系统中的各个服务器和工作站的不同的处理器上执行。分布式系统中所需要的服务器或工作站数量取决于如何分配软件模块。分布式系统采用标准的接口和介质，把整个系统按功能解列分布在网络的各个节点上，数据实现冗余分布，提高了系统的整体性能，降低了对单机的性能要求，提高了系统的安全性和可靠性。并且系统的可扩充性增强，使局部功能升级成为可能。

在分布式体系结构中，SCADA/EMS/DTS 的一体化成为发展的趋势。SCADA、EMS 和 DTS 系统实际面向的是同一个物理对象—电力系统，它们本质上是对同一个物理对象在不同方面的应用。SCADA/EMS/DTS 系统的一体化有利于三者之间的资源共享，如可实现统一的数据库、人机界面和应用程序等。用户只需维护一套 SCADA/EMS/DTS 共享的图形数据库，无需繁琐地维护系统接口，因而降低了维护费用和难度，并为后续的发展打下良好的基础。

图 8-7 所示的是一个典型的 SCADA/EMS/DTS 一体化的分布式测控主站系统。SCADA、EMS 和 DTS 共享一套数据库管理系统、人机交互系统和分布式支撑环境，三者既可集成在同一节点上，也可分散驻留于不同节点，配置灵活，每个单独的系统都可独立运行。

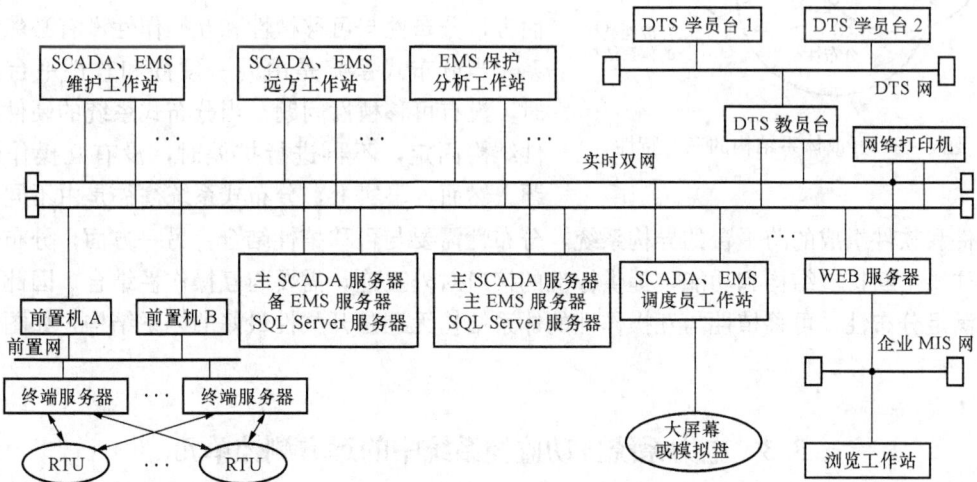

图 8-7　典型的 SCADA/EMS/DTS 一体化的分布式测控主站系统配置

从图 8-7 可看出，系统由 3 个网组成：前置机、实时双网和 DTS 网。两台互为热备用的前置机挂在前置网上，与多台终端服务器共同构成前置数据采集系统，负责与远方 RTU

通信，进行规约转换，并直接挂在实时双网上，与后台系统进行通信。

实时双网组成后台系统，它负责与前置数据采集系统通信，完成 SCADA 的后台应用和 EMS 分析决策功能。应用服务器采用主备方式，为实现功能分散，可以将一台应用服务器设为主 SCADA 服务器/备 EMS 服务器，另外一台设为主 EMS 服务器/备 SCADA 服务器。根据职责和功能的不同，实时双网上可以配置系统维护工作站等，各类工作站的数目可依据实际需要进行配置。数据库服务器节点由一主一备的结构构成，主数据库服务器定期向备份数据库服务器复制数据，以提高系统数据的安全性和可靠性。

DTS 网是调度员培训系统的内部网，它与实时双网上的数据互不干扰，减轻了网络的数据流。另外在实时双网上配置了一个 Web 服务器，企业 MIS 网上的用户通过它可以实现对实时双网上的数据和画面的浏览。

在系统中，一般 SCADA 和 EMS 是共存于同一主机的，这样用户可不必面对过多的显示器，同时也减少了硬件配置。当然 EMS 也可独立运行，此时系统要求启动 SCADA 的实时数据库和实时数据库接收等后台功能。由图 8-7 可见，系统中 SCADA 和 EMS 的服务器是共享的，并且互为热备用。这种配置既可以减少投资又不降低系统可靠性。

### 8.2.3 开放式体系结构的基本特性

开放式计算机体系结构是在分布式计算机结构的基础上发展起来的，其差别在于逐步实现软件上的独立，是 EMS 技术当前发展的方向。测控自动化主站体系结构的开放性主要体现在分布性、可移植性和互操作性等方面。

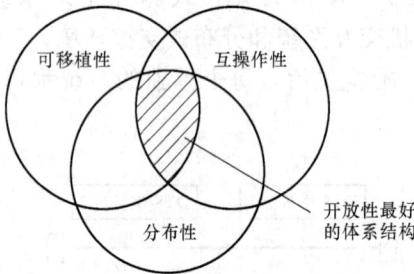

图 8-8 开放体系结构的三个特性

分布性是指系统的功能由网络连接的许多软件和硬件共同协调完成，而不是靠单干。可移植性是指系统的应用可以在不同硬件和不同版本平台上运行。互操作性是指当系统扩展时，扩展的部分与原来的部分能透明进行交互，进行无缝连接。从本质而言，分布性与可移植性和互操作性没有必然的关系，当分布式系统是由同一硬件和软件平台组成时，没有可移植性问题；当分布式系统的硬件和软件结构固定，不再进行扩展时，没有互操作性问题。然而，事实上，分布式系统往往是由不同种类的硬件和软件组成的跨平台的异构系统，分布性需要与可移植性结合；另一方面，分布式系统往往要不断扩展结构和功能，提供标准的接口对外互连，需要与互操作性结合。因此，能同时满足分布性、可移植性与互操作性的体系结构无疑是开放性最好的体系结构，如图 8-8 所示。

## 8.3 电力系统自动监控系统中的远方测控单元

远动终端（Remote Terminal Unit）就是电力系统监视和控制系统中安装在发电机或变电站的一种远动装置，简称 RTU。RTU 采集所在发电厂或变电站中表征电力系统运行状态的模拟量和状态量，监视并向调度中心传送这些模拟量和状态量，执行调度中心发往所在发电厂或变电站的控制和调节命令。现代的远动终端是一个以微机为核心的具有多输入/多输出通道、功能较为齐全的计算机系统，系统中的硬件在程序（软件）的指挥下完成规定的功能。

### 8.3.1 远动终端的功能

在电力系统监控中，RTU 的功能是指 RTU 对电力系统的监测和控制的能力，也包括 RTU 的自检、自调和自恢复等能力。由于电力系统监控系统面对的是一个庞大而错综复杂的对象，RTU 所承担的任务不仅数量多，而且复杂。通常 RTU 的功能可分为远方功能和当地功能。

1. 远方功能

RTU 是安装在发电机或变电站的一种远动装置，它与调度中心相距遥远，与调度中心计算机信道相连接。RTU 与调度中心之间通过远距离信息传输所完成的监控功能称为 RTU 的远方功能。

（1）遥测（Tele-measurement）。

遥测即远程测量，是将采集到的被监控发电厂或变电站的主要参数按规约传送给调度中心。这些遥测参数可能是发电厂或变电站中的发电机组、调相机组、变压器、输电线、配电线等通过的有功功率和无功功率，传输线路中重要支路的电流和重要母线上的电压等，还包括变压器油温等非电参量。通常一台 RTU 可以处理几十甚至上百个遥测量。

（2）遥信（Tele-indication、Tele-signalization）。

遥信即远程信号，是将采集到的被监控发电厂或变电站的设备状态信号，按规约传送给调度中心。这些设备状态可能是断路器、隔离器的位置状态，继电保护和自动装置的动作状态，发电机组、远动设备的运行状态等。通常一台 RTU 可以处理几十甚至上百个遥信量。

（3）遥控（Tele-command）。

遥控即远程命令，是从调度中心发出的改变运行设备状态的命令。这种命令包括操作发电厂或变电站各级电压回路的断路器、投切补偿电容器和电抗器、发电机组的开停等。因此，这种命令只取有限个离散值，通常只取两种状态命令，如断路器的"合"或"分"命令。一台 RTU 可以处理几十个设备的远方操作。

（4）遥调（Tele-adjusting）。

遥调即远程调节，是从调度中心发出的命令以实现远方调整发电厂或变电站的运行参数。这种命令包括改变变压器分接头的位置以调节电力系统的运行电压；改变机组有功和无功调节器的整定值，以增减机组的输出功率；对自动装置整定值的设定等。一台 RTU 可以实现几个甚至十几个这类装置的远方调节。

另外，RTU 还可实现数字量传输、处理电度量脉冲信号、事件顺序记录、电力系统统一时钟、转发、多种规约的数据远传等功能。

2. 当地功能

RTU 的当地功能是指 RTU 通过自身或连接的显示、记录设备，实现对电网的监视和控制的能力，具体为：使与 RTU 相连的 CRT 显示、汉字报表打印、本机键盘与自带显示器、RTU 的自检与自调等功能。

### 8.3.2 远动终端 RTU 的硬件与软件配置

从功能上考虑，RTU 主要是采集发电厂或变电站的遥测量、遥信量、数字值和计数值，经适当地处理后及时向调度中心发送，形成对电网运行的监视。同时，RTU 接收并执行调度中心发送到所在厂站的命令，形成对电网运行的控制。因此，RTU 是一个多输入/多输出的微型计算机系统。

1. 单 CPU 的 RTU 硬件和软件配置

（1）单 CPU 的 RTU 硬件组成。

所谓单 CPU 的 RTU 是指所有数据采集、处理、显示和发送，命令的接收和执行等都由单个 CPU 独立完成的 RTU。其硬件原理框图如图 8-9 所示。

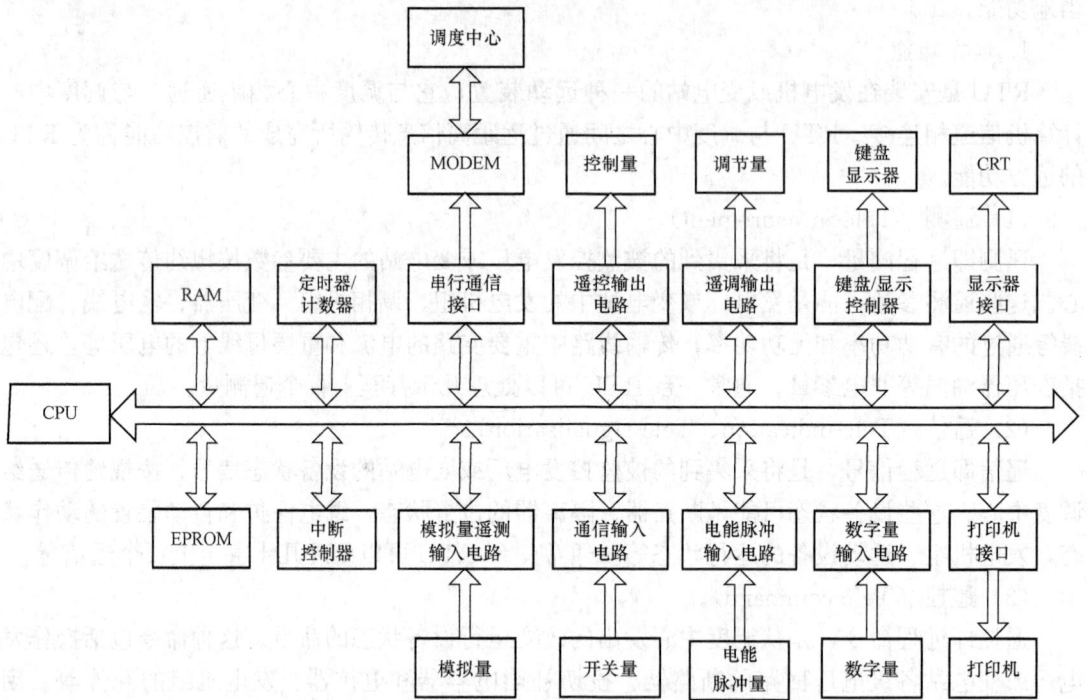

图 8-9　单 CPU 的 RTU 硬件原理框图

由图 8-9 可见，在单 CPU 的 RTU 中，硬件包括定时器/计数器、中断控制器等系统部分，遥测、遥信、数字量和电能脉冲等远动信息输入电路，遥控、遥调等命令的输出电路，本机键盘和显示器，CRT 显示器以及打印机等人机联系部分。各部分都经可编程接口芯片，通过系统总线与 CPU 相连接。CPU 通过对各接口芯片的操作管理，控制各部分电路的正常工作。

（2）单 CPU 的 RTU 软件组成。

RTU 是实时监控系统中的一个组成部分，显然，RTU 运行的软件是实时软件。实时性软件要完成的任务由定时或不定时触发产生，可用中断服务程序来完成，因此，单 CPU 的 RTU 软件包括一个主程序和多个中断服务程序。主程序完成对整个系统的初始化和人机联系的功能，中断服务程序完成 RTU 的输入和输出功能，主要包括实时时钟中断服务程序、A/D 结束中断服务程序、字节发送空中断服务程序和字节接收满中断服务程序等。

2. 多 CPU 的 RTU 硬件和软件配置

（1）多 CPU 的 RTU 硬件组成。

所谓多 CPU 的 RTU 是指多个 CPU 分工协作共同完成 RTU 功能的一种 RTU。其硬件原理如图 8-10 所示。

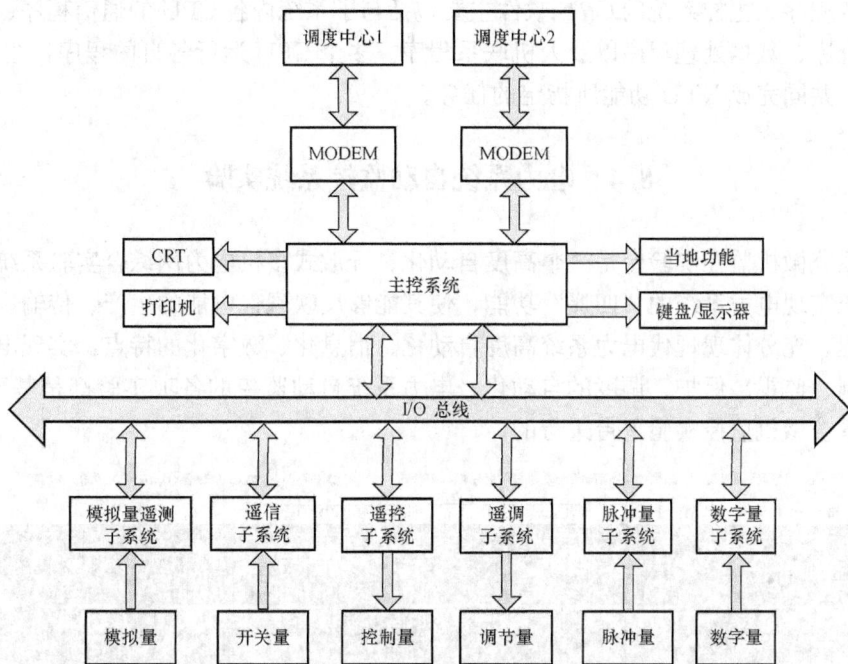

图 8-10　多 CPU 的 RTU 硬件原理框图

从图 8-10 可见，这种 RTU 由一个主控系统和多个子系统组成，主控系统和每个子系统都带有 CPU。子系统中的 CPU 负责子系统范围内的数据采集或执行命令，并与主控系统的 CPU 通信，主控系统的 CPU 负责管理各子系统，并与调度中心通信以及人机联系。采用多个 CPU 构成 RTU，有利于提高 RTU 采集和处理远动信息的能力。

（2）多 CPU 的 RTU 软件组成。

按图 8-10 所示的硬件结构，多 CPU 的 RTU 软件结构如图 8-11 所示。

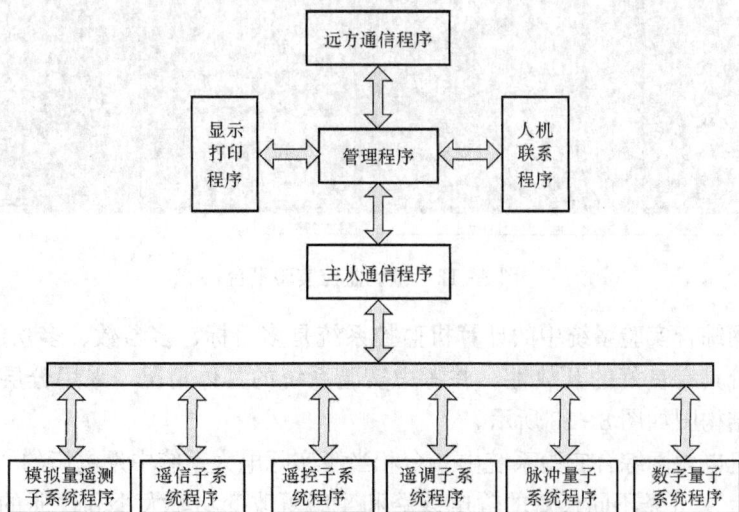

图 8-11　多 CPU 的 RTU 软件结构

每个子系统中的 CPU 支持相应子系统的软件，这些软件都包括一个主程序和一个或多个中断服务程序。主控系统的 CPU 软件主要包括与子系统内各 CPU 的通信程序、与调度中心的通信程序、数据处理程序以及人机联系程序。多个 CPU 运行各自的程序，主、从 CPU 协调工作，共同完成 RTU 功能所指定的任务。

## 8.4  电力系统自动监控系统实验

电力系统微机监控实验台是一个高度自动化、开放式多机电力网综合实验系统，配置微机监控系统实现电力系统的"四遥"功能，使其能够反映现代电能的生产、传输、分配和使用的全过程，充分体现现代电力系统高度自动化、信息化、数字化的特点，实现电力系统的检测、控制、监视、保护、调度的自动化。电力系统自动监控的各项实验都是基于图 8 - 12 中的电力系统微机监控实验平台进行的。

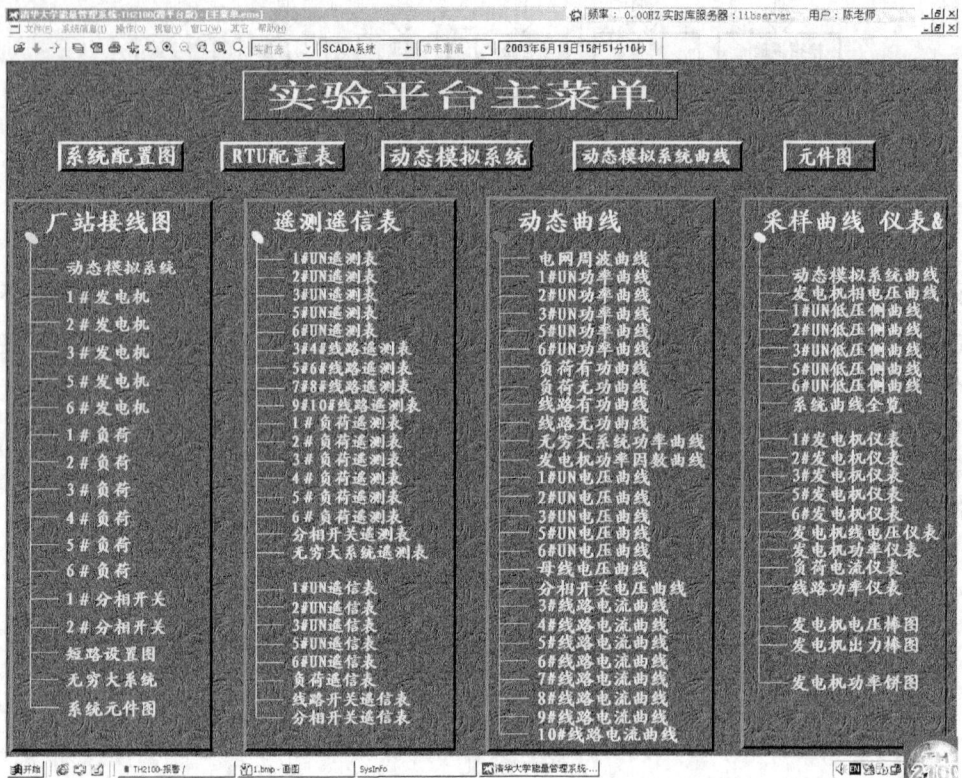

图 8 - 12  微机监控实验平台

多机电力网综合实验系统中的计算机监控系统是多目标、多参数、多功能的实时系统，为了使监控系统具有良好的开放性，并考虑实验系统的具体情况，采用分层分布式系统配置，监控系统结构图如图 8 - 13 所示。

开放式多机电力网综合实验系统由 4 台相当于实际电力系统中发电厂的"电力系统综合自动化实验平台"，6 条不同长短的输电线路和 4 组可改变功率大小和性质的负荷组成。整个一次系统构成一个可变的多机电力网络，便于进行理论计算和实验分析，一次系统接线示意图如图 8-14 所示。

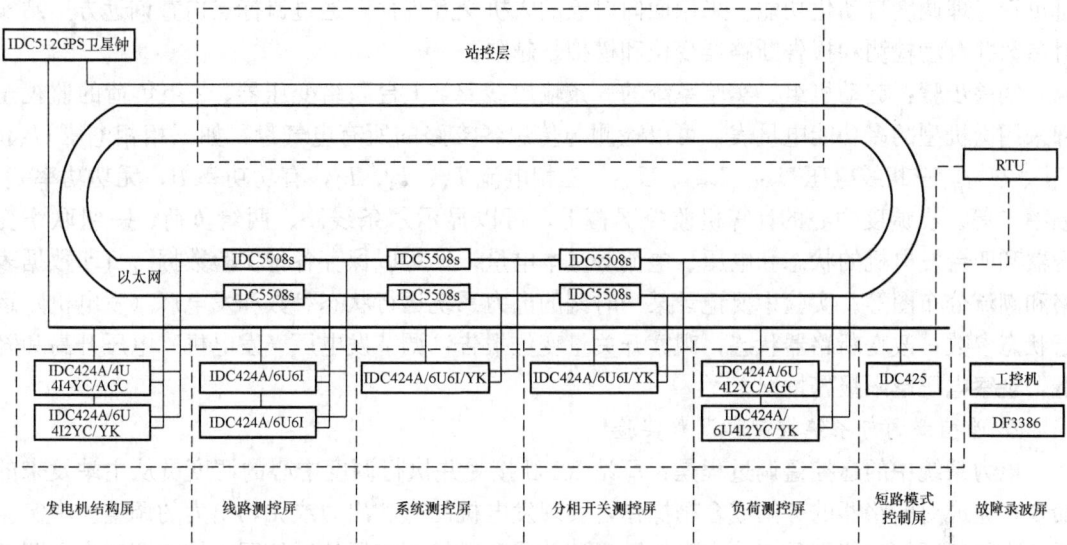

图 8-13　动模实验监控系统结构图

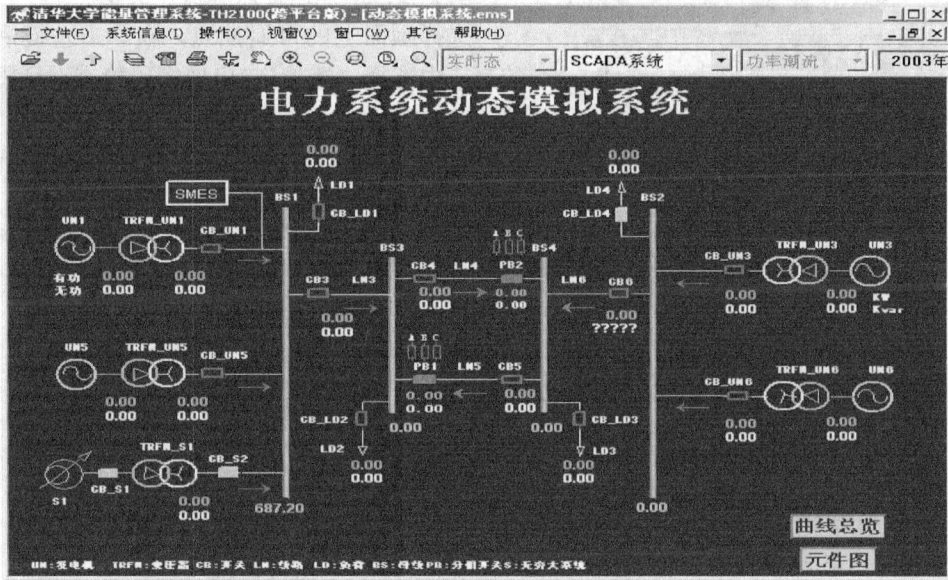

图 8-14　一次系统接线示意图

1. 遥信遥测与系统监视实验

电力系统的遥信遥测是由安装在发电厂和变电站的远动终端（RTU）负责采集电力系统运行的实时参数，并借助远动信道将其传送到调度中心的。电力系统运行的实时参数主要有：发电机出力、母线电压、线路有功负荷和无功负荷、电能量、继电保护的动作信息、断路器的状态信息等。

在本实验中，RTU 的信息采集功能由微机励磁调节器、微机调速器和智能数字式仪表承担，远动信道用有线通信信道来模拟，通信方式采用问答式（Polling），调度中心的计算机负责管理调度自动化功能。采用面向对象的人机交互界面，通过鼠标点击查询远方厂站实时参数并自动检测和报告断路器变位和模拟量越限。

实验步骤：起动机组。实验系统的 6 条输电线路，1 台联络变压器、2 组负荷的监视全部采用微机型的多功能电量表，可以检测与传送各支路的所有电气量，如三相相电压 $U_{AN}$、$U_{BN}$、$U_{CN}$，三相线电压 $U_{AB}$、$U_{BC}$、$U_{AC}$，三相电流 $I_A$、$I_B$、$I_C$，有功功率 $P$，无功功率 $Q$，频率 $f$ 等。在调度中心的计算机监控屏幕上，可以显示六条线路、两组负荷、一组联络变压器和四台发电机的状态和电压、电流等基本电量，还可以保存各种实验数据、打印数据表格和潮流分布图等。实验中要记录某一时刻的电力系统运行状态参数和发电厂（发电机）运行状态参数；改变断路器状态，观察开关量变位报告；调节发电厂（发电机）电压升高和降低，观察电压越限报警情况。

2. 遥控遥调与系统控制和调整实验

电力系统中的遥控遥调过程是：厂站 RTU 接受并执行调度中心的调度员从主站发来的命令，完成对断路器的分闸或合闸操作，实现发电机的有功出力或无功出力的调整。本实验系统中执行遥控功能则是直接由微机励磁调节器和微机调速器从通信网中接收调度中心调度命令进行调整的。

步骤 1：选择遥控点和操作类型。

选择画面上的可遥控点，在单击左键后弹出的菜单中选择〈遥控〉，出现密码检查对话框，如图 8-15 所示。

步骤 2：在通过密码检查后，弹出遥控操作对话框，如图 8-16 所示。

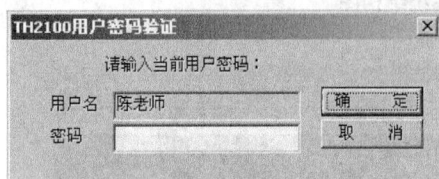

图 8-15　密码检查对话框

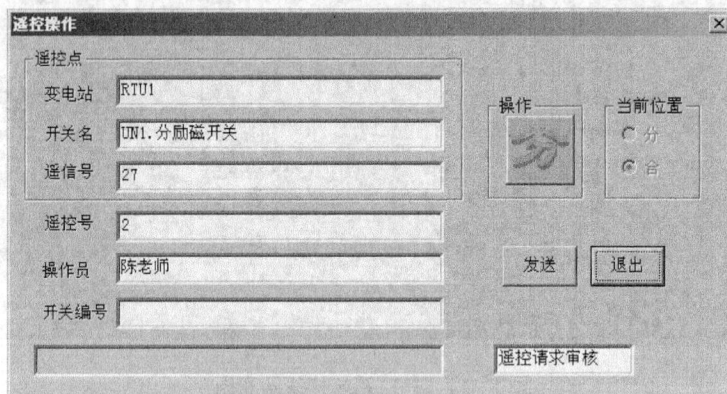

图 8-16　遥控操作对话框

图 8-16 所示对话框中左边是所选遥控点信息提示，显示的是遥信点的厂站名、遥信名，对应的遥控点的名称，操作员需要认真核实这些信息，避免误遥控。右边给出了与当前遥信状态相反的遥控操作。操作员应当检查确认要进行的操作是否正确。

步骤 3：发送遥控命令。

操作员确认遥控操作后，单击按钮〈发送〉，开始发送遥控预令。当从 RTU 返回遥控返校后，弹出对话框，提示是否发送遥控动令，这时选择〈是〉则向 RTU 发送遥控动令，选择〈否〉则向 RTU 发送遥控撤销命令。

步骤 4：退出遥控操作。

遥控操作结束后，单击按钮〈退出〉，关闭遥控对话框。

整个遥控过程，包括遥控对象、类型和操作员等信息，以及遥控结果都记录在报警窗口中，并存入了历史库。操作员可以在报警窗口中看到遥控的信息，也可以通过事件查询工具查询以前的遥控操作。

3. 遥信与遥测的封锁实验

当 RTU 上送的遥测值有误，或者某些测点 RTU 没有量测时，需要人工置入一个遥测值。人工置数后，遥测值不再随 RTU 上送的值变化，因此称这种操作为遥测封锁。

选中需要封锁的遥信或遥测点，单击按钮〈人工封锁〉，弹出对话框如图 8 - 17 所示，提示操作员输入人工值。

在对话框中输入人工值，再单击〈确认〉，就完成了人工封锁。

选中封锁的遥测点，单击按钮〈解除封锁〉，可以解除对遥测值的封锁，遥测点开始显示 RTU 上送的量测值。

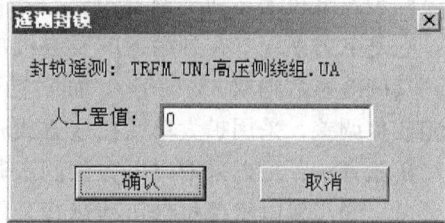

图 8 - 17 遥测人工封锁对话框

4. 同步发电机频率-有功功率特性（发电机的有功调差特性）的测定实验

同步发电机的频率-有功功率特性是指同步发电机输出的有功功率与其频率之间的关系。它是同步发电机的一个重要特性，在调速器投入运行的条件下，该特性就等于调速器的调差特性。同步发电机的调差特性对于电力系统频率控制具有重要影响。

实验方法：在同步发电机组的调速器投入运行的条件下进行实验。

方法 1：当同步发电机单独带负荷运行时，可以在给定频率 $f_g$ 保持不变的条件下，有功负荷从零值改变到机组的额定值，分别记录下有功功率等于零值时的频率 $f_1$ 和有功功率等于额定值时的频率 $f_2$，按下列公式即可计算出机组的有功调差系数 $R$，即

$$R = [(f_1 - f_2)/f_N] \times 100\%$$

方法 2：将同步发电机与无穷大系统并联，改变调速器的给定频率 $f_g$，使同步发电机输出的有功功率从零值变到机组的额定值，分别记录下有功功率等于零值时的频率给定值 $f_{g1}$ 和有功功率等于额定值时的频率给定值 $f_{g2}$，按下列公式即可计算出机组的有功调差系统 $R$，即

$$R = [(f_{g2} - f_{g1})/f_N] \times 100\%$$

改变调速器的调差系数，再次测定实际调差系数并与整定的调差系数比较，是否相近。

5. 负荷的频率-有功功率特性（负荷的频率调节效应）的测定实验

电力系统负荷的频率-有功功率特性是指负荷取用有功功率与电源频率之间的关系，它对电力系统频率控制具有重大影响。负荷的功频特性取决于负荷的类型，同样是异步电动机，如果拖动切削机械，则其功频特性曲线近于线性关系，如果拖动风机或水泵，则其功频特性曲线近于三次方关系。电力系统综合负荷的功频特性则由各种类型负荷的功频特性按比例组合而成。

　　本实验系统用电阻器作为有功功率负荷，电阻器取用功率正比于其电源电压的平方。当同步发电机励磁控制系统工作于恒机端电压方式时，电阻器取用功率与频率无关；当励磁控制系统工作于恒励磁电流方式时，由于机端电压正比于转速（即频率），所以电阻器取用功率与频率成平方关系。实验内容如下。

　　（1）励磁控制系统以恒机端电压方式运行，投入电阻器负荷，调节调速器速度给定值，记录同步发电机输出有功功率与其频率的对应关系的稳态数据 5～10 组，在方格纸上描绘曲线。

　　（2）励磁控制系统以恒励磁电流方式运行，重复（1）。

　　分别计算两次实验测定的负荷调节效应系数。

　　6. 同步发电机的无功功率调差特性的测定实验

　　同步发电机无功功率调差特性是指同步发电机机端电压与输出无功功率之间的函数关系，它是电力系统中并列运行的发电机组间合理稳定分配无功功率的关键。通常对并列点来说，其调差系数约取 3%～5%；而对同步发电机机组来说，采用单元接线方式时，可为零调差或负调差，采用扩大单元接线方式时，只能为正调差。

　　实验方法：可以采取以下方法测定调差系数。

　　（1）同步发电机单机带负荷运行，保持电压给定值不变，改变无功负荷从零到额定，记录发电机机端电压的变化量，以额定电压为基准计算变化量的标幺值即调差系数。实验时，可以在恒机端电压运行方式下，改变调差系数整定值，重复上述实验；作为比较，请测定恒励磁电流运行方式时的调差系数。

　　（2）同步发电机并网运行，用改变系统电压的方法调节无功负荷来测定调差系数。

　　（3）前两种方法均不适合工业现场使用，工业现场测定调差系数的方法如下：将同步发电机并网运行，用调节电压给定值的方法调节无功功率输出，记录无功功率增量等于机组的额定无功时，相应的电压给定值的增量的百分值即调差系数。对微机励磁调节器，电压给定值增量可以通过显示器读出，对模拟式励磁调节器，需要记录电压给定电位器的行程增量，然后在发电机单机空载运行工况下，测定该行程增量对应的电压增量即可。

　　7. 同步发电机调压与无功功率潮流控制实验

　　同步发电机是电力系统的主要无功功率源，其特点是容量大、调节平滑，经济性好。

　　实验方法：构建一个独立的电力系统，分别改变不同地点的同步发电机机端电压，观察电力系统各节点电压和各支路无功功率的变化情况，总结同步发电机调压的特点和局限性。

　　8. 变压器分接头调压与无功功率潮流控制实验

　　有载调压变压器可以在电力系统无功功率充足的情况下，通过改变电力系统无功功率潮流的分布，起电压控制作用。

　　实验方法：构建一个独立的电力系统，改变有载调压变压器的分接头，观察电力系统各节点的电压和各支路无功功率的变化情况，总结有载调压变压器调压的特点和局限性。

　　9. 潮流控制实验

　　电力系统潮流控制，包含有功潮流控制和无功潮流控制。潮流控制对电力系统安全与稳定、电力系统经济运行均具有重要意义。

　　实验方法：构建一个电力系统并且并入无穷大系统，增加或减少某些机组的有功出力或无功出力，在保持系统各节点电压在允许范围内的前提下，改变系统支路的有功潮流和无功潮流。注意记录增减调节前后各支路的潮流分布数据。

　　10. 电力系统的频率控制实验

　　电力系统频率是由电力系统中的所有运行机组、负荷和电力系统网损共同决定的。电力系统调频方法主要着眼于电力系统有功电源的出力控制，当系统频率出现大幅度下降时，才考虑对负荷进行控制。

　　电源出力控制手段有：运行机组的一次调频和二次调频（轻载与满载调节、调相与发电互换）、水轮机组的起动与退出、抽水蓄能机组抽水与发电工况转换、高频紧急切机等。负荷控制手段有：低频降压减负荷、低频紧急切负荷等。

　　实验方法：构建一个独立的电力系统，所有机组均有一次调频。用改变负荷大小或投切负荷的方法，使电力系统频率偏离额定频率。首先使用二次调频手段进行调频控制，必要时，可以通过投切机组的方法进行调频，当频率过度下降，有功功率电源方面已无备用容量可启用时，再通过切除负荷进行调频。所有调节控制操作均采用手动方式进行，以加深体会。记录实验操作全过程，以及每次操作前后的有功潮流分布和系统频率。

# 参 考 文 献

[1] 倪以信，陈寿孙，张宝霖. 动态电力系统的理论和分析 [M]. 北京：清华大学出版社，2002.

[2] 中国南方电网公司编著. 交直流电力系统仿真技术 [M]. 北京：中国电力出版社，2007.

[3] 黄家裕，陈礼义，孙德昌. 电力系统数字仿真实验 [M]. 北京：中国电力出版社，1995.

[4] 申健，金钧. 电力系统仿真分析中几种同步发电机数学模型的比选 [J]. 电气技术，2007，9.

[5] 朕威，陈宝喜，唐永红. 实时仿真在电力系统仿真中的应用 [J]. 四川电力技术. 2006，6.

[6] 何仰赞，温曾银. 电力系统分析 [M]. 武汉：华中科技大学出版社，2002.

[7] 钱鑫，李琥，施围. 电力系统仿真计算软件介绍 [J]. 继电器. 30 (1)：43 - 46.

[8] 张永健. 电力系统仿真在教学中的应用 [J]. 上海电力学院学报，13 (2)：60 - 63.

[9] 孙峰. 电力系统仿真软件的比较研究 [D]. 华北电力大学，2006.

[10] 颜庆津. 数值分析 [M]. 北京：北京航空航天大学出版社，2006.

[11] 陈后金，胡健，薛健. 信号与系统 [M]. 北京：清华大学出版社，2003.

[12] 张树卿，童陆园，薛巍，等. 基于数字计算机和 RTDS 的实时混合仿真 [J]. 电力系统自动化，2009，18.

[13] 杨俊新，马进. 负荷模型对电力系统混合仿真误差的影响 [J]. 华北电力大学学报，2010，2.